幸運を招く5つのルール

健全な身体と
健全な精神と
明るい豊かな家庭が
幸運の原点です
高島良次

目次

第5章　自然から学ぶ……181

序章　幸運を招くためには

幸福と運命

どなたでも、いつまでも幸福でありたいと願い続けておられることと思います。

それなのに幸福なときは運命についてはあまり考えないもののようです。

トルストイは……

「幸福な家族はどれも似たりよったりだが、不幸な家族はそれぞれに不幸のさまが違っている」

と幸福について語っている。これはどなたでも同じでしょう。

ところが何か問題が起こって、どのように解決したらよいか分からなくなると
「私の運命はどうなっているのであろう」

「このような問題が起きて今後の生活はどうなるのか」

と運命について考えるようになります。もっと深刻な問題になり、絶望的になると
「この世に神も仏もあるもんか」

と自暴自棄になり、自分の不甲斐なさを悲しんだり、なかばあきらめて運命を呪ったりするものですね。

運命についてベートヴェンは第五交響曲で
「ダダダダーン、ダダダダーン」

と、運命はやって来るのだと表現しております。

人間の想像を超えたり、自分の処理能力を超えた事柄が突然やってくると、自分の力ではどうにもならないことに気が付き、あきらめの境地で
「運命だからしかたがない」

という言葉をよく使います。

でも、運命だとあきらめて良いのでしょうか。

では運命とは何なのでしょう。広辞苑によれば
運命とは……人間の意志にかかわりなく、身の上にめぐって来る吉凶禍福。

それをもたらす人間の力を超えた作用。

幸運とは……よい運。良いまわりあわせ、となっています。

ではその逆に、悪いまわりあわせは不運・悪運ということになるでしょうか。ですがまわりあわせについては何も記載されていないので、かえって「まわりあわせ」とは何かという疑問が芽生えてきますが、あなたはいかがですか。

運命とは……命を運ぶと書きますが、どんな乗り物なのでしょうか。何かの力によって命（自分）が行き先不明の方向へ運ばれている。その途中に色々な出来事に出会う。人生の先輩たちはそのことを

「人生は暗中模索の旅」

「一寸先は闇・明日のことは分からぬ」とか

「満開に咲き誇った桜も一夜の嵐で散る」

と表現されている。私も人生を六十五年も生きてくると、実感として同じ言葉を口にするようになります。

はたして、それで生きていることに悔いはないのでしょうか。

明日のことが分からないために何かにすがりたい。見えない力にすがりたい。見えない力に導かれたい。と思うのが人情です。しかし、こうした考え方では自分が望む人生とは、ほど遠くなるでしょう。

自分の人生ですから、自分の望む運命は、自分の手で創らなくては得られません。そのためには運命の乗り物の仕組みを知らないとコントロールできないでしょう。その運命という乗り物が分かれば不運をなげくことなく、いつも希望と勇気を持って、生きることが

できる幸運を手にすることができます。

その不可解な乗り物の正体を解明することが本書の目論みです。

その乗り物について、科学と宗教の両面から説明を試みます。

初詣で

今日は十二月二十四日です。なんとなくテレビを見ていましたら
「今日から、あといくつ寝たらお正月」

というクイズ番組がありました。どのテレビもクリスマス番組で一色です。クリスマスをお祝いした後は、大晦日にはお寺にお参りして百八つの煩悩を洗い落とすために除夜の鐘をつき、年が明ければ初詣《もう》でで神様に色々な願い事をする。

これはただ単に、若い人たちの晴れ着での社交の場であるならば、それはそれでほほえましいことですが、生活をかけた信仰であるとしたらチョット待ってということになります。

約一週間の間に、キリスト教、仏教、神道とめまぐるしく信仰対象が変わっても何の矛盾のないのが日本人の信仰なのでしょうか。また、それに何の疑問も感じないのは日本人

の国民性なのでしょうか。私が除夜のお参りも初詣でもしないでいると変人扱いされますので時々お付き合いはしています。しかし十円か百円で家内安全、商売繁盛、合格祈願、ガン封じ等をお願いしますが、こんな安易な方法で、大願を成就していただけるとは到底考えられません。

もし、あなたが神様か仏様でしたらこの人間の行為を、どのように思いますか。多分「しっかり努力すれば自ずと叶うよ」と答えるのではないですか。

いつのまにか信仰とは、なにか見えない力にすがることになってしまいました。それは自分の能力や努力した以上に楽をしたいという欲張りな心から出ているのではないですか。自分で起こした問題に対して努力もせずに、その責任から逃避しようとする心を助長させているように思えます。そのような信仰で良いのでしょうか。

人間がこの世に生まれて来た以上は、何か目的と使命があるから両親にお願いして産んでいただいたのではないでしょうか。その目的と使命が分からないために、いろいろ迷うのではないでしょうか。もし、その目的と使命が分かれば、明日への希望と勇気が湧いてきて、神社やお寺にお参りしている暇などないはずです。

そのことを教えることが、本来は宗教なのです。

この世での自分の目的と使命が分からないと、なにか見えない運命の力におびえて、あっちで拝んだり、こっちで願をかけたりして、一時的なぐさめと安心感を求めます。人間は、偶然にこの世に生まれて来て親兄弟と縁ができたと考えることはできません。本当は、自分の運命は自分で定めて生まれてきていると思えます。そのほうが矛盾なく自分の人生をよく理解できます。長く生きているとそのように感ずるのです。

人生劇場の主役は自分だとよくいわれます。自作自演の人生だというのです。ではその台本は誰がどこで書いたのでしょう。この世では書いていませんから、生まれて来る前のあの世になるのでしょう。ただ、その事実を忘れているのではないでしょうか。忘れているのでしたら、思い出せばよいのですね。その思い出し方を教えてくれるのが宗教のはずです。それが仏教でなければならないと思います。

仏教とは、お釈迦様の教えです。ゴーダマ・ブッダ（仏陀）の教えが仏教なのです。

お釈迦様は、人間の「生・老・病・死」の苦しみを解決するための方法を悟られ、それをどなたにも分かりやすく説かれたのです。学問のない人にも分かるようなたとえや方法で説かれたのです。それと、人間が生まれる前のあの世とは、こういうところであり、この世ではこのように生きれば、もっと素敵なあの世へ帰ることができるのですよ、と説かれたのが「般若心経」の教えだと思いますが、その中身が正しく理解されていないので、人生の正しい生き方と、人生の目的と使命を知ることができなくなってしまっているのです。

人間の使命が分からなくなってしまったために、お金がすべてだと勘違いし、価値の尺度がお金や財産になり、政治も経済も教育も宗教も、金まみれの世の中になってしまったのです。まさに末法《まっぽう》の時代です。日本という国も、世界にも例のない年間税収の十年以上に相当する額の借金をしております。これが民間企業だったら年収（年間売上）と同じ借金をしたら再起不能になり、ほとんど破産の運命をたどります。

いま、おカミと言われる国の経営者・政治家や公務員、それに金融機関は良心と節度と滅私奉公の心を忘れているのではないですか。

宗教心と道徳心を無くし、物欲と情欲にあけくれた指導者のもとでは、その民族は滅び行くことは歴史が証明しております。どんなに個人の運命を良くしても国が破産したり滅びてしまってはどうしようもありません。こうしたときほど、我々は、しっかりと自己を確立しておかないと幸運からも見放されます。

五つの神秘

五という数には不思議な神秘を感じます。

宇宙や地球上の重要な事柄は、三つと五つから成り立っていることが多い。

我々の住む大宇宙は五つの法則からなる。

地球上で生物が生きるためには「太陽、月、大地、水、空気」の五つが必要です。

地球上で眼に見える色は三原色の「赤、青、黄」と「白、黒」の五色です。

人間の体は五体・五官（五臓）からなり、人間の心は「本能、感情、理性、知性、感性」の五つからなる。

食べ物の五大栄養素は「ミネラル、ビタミン、炭水化物、タンパク質、脂肪」であり、味は「甘い、辛い、苦い、酸っぱい、旨み」からなる。

摂取しなくてはならない食材の色は「赤、緑、黄、白、黒」の五色です。

姓名の五ヶ所の画数「姓名画数、名前画数、外画数、内画数、総画数」はその人の運命を暗示しています。

これらの五つについて次の章から検討してみたいと思います。私とこの五という数字の関わりは幼児の頃からです。母からよく聞かされておりました。お前は、まだ何も喋れないのに、籾殻《もみがら》に小枝《ほえ》を五本刺して、片手を広げて五つ、五つと訴えていた。指の五本と小枝の五本が同じだと言っていたよ。

それから高校時代にトランプでナポレオンという遊びが流行っていた。その遊びでは副官を指名しますが、私はその副官にハートの五を持っている人を指名すると不思議と勝っていました。(生年月日から、私のラッキーナンバーを調べますと、やはり五です。ラッキーナンバーの出し方は2章で説明します)

我々の一生は、いろんな数との関わりが結構あります。そのことを理解することも、人生を支配する上で大事なことです。

運命を推理する方法

自分の運命を知ろうとして、最近はそれを占いや易に求めようとされる方々が多くなりました。では、占いとは何でしょう。広辞苑によりますと

「占象《うらかた》によって神意を問い、未来の吉兆を判断・予想すること」

「物に現れたきざしによって将来の成り行きや吉兆などを判断すること」

易とは

「易経（五経の一）の説くところに基づいて、算木《さんぎ》と筮竹《ぜいちく》とを用いて吉凶を判断する占法。中国に古く始まる」この中に八卦《はっけ》も入ります。

五経とは「儒教で尊重される五種類の経典」となっております。

年齢によって推理する方法に陰陽五行説があります。

陰陽五行説とは、

「一切の万物は陰・陽二気によって生じ、五行中、木・火は陽に、金・水は陰に属し、土はその中間にあるとし、これらの消長によって天地の変異、災祥、人事の吉兆を説明する。古代中国に起源を持つ哲理」

この陰陽五行説と十二支で推理することで一般的によく知られているものに「丙午《ひのえうま》」があります。

同じく生年月日で推理する方法に「四柱推命」があります。四つの柱とは、生まれた年月・日・時の四つのことですが、実際には生まれた時間まで知っている方は少ないので、生年月日の三つで推理しているのが実情のようです。これでは〝三柱推命〟です。

これ以外に推理する方法として、名前の画数があります。

姓名画数と名前画数、それに外画・内画・総画数の五つの画数で、どのような一生を生きるかを推理します。生年月日は相手からそれを聞かないと推理することができませんが、名前の場合は名刺をいただければ推理できますので、これを知っておれば人間関係や仕事関係にも役立ちます。その他、手相、人相、骨相など色々ありますが、あくまでも推理、推命ですから、当たるときと当たらないときがありますが、これらのことは知っていると参考になりますので、名前の画数と数字の波動については簡単に2章でお伝えいたします。

不運と幸運とはどのように違うのか

運が良いのも実力のうちです。

幸運を得るために、まず不運について検討してみましょう。

不運とは「運の悪いこと、非運」とあります。

これでは抽象的で分かりませんが、多分「自分が希望した運命にあらず」ということでしょうか。

一般的に運が悪いとは、どんなときのことを言うのでしょうか。
1　事故や災害や天災によく遭う。
2　リーダー（国や企業）が無能である。
3　いざというときに病気になってしまう。
4　商売がうまくいったと思った途端に不渡りを食う。
5　家族や親族がトラブルに巻き込まれる。
6　結婚や子宝に恵まれない
7　くじ運が悪い
8　信じていた人に裏切られる。
など、まだ色々あるようです。

では多くの人たちが望む幸運とは何かと言うと、これらの裏返しのようですが、それで良いのでしょうか。

自分の望むことが次から次へと実現することが幸運なのではないでしょうか。自分の望まないことが次から次へと起こることを不運、非運と言うのでしょう。

よく宝くじが当たったり、思わぬ大金が入ったり、親の遺産が入った人を幸運な人と言いますが、そのためにかえって不幸になる方のことを良く聞きます。

ニューヨークの同時多発テロの首謀者も莫大な遺産が入ったために、自分だけではなく多くの人を不幸にしております。また年若くして人気や大金を手にしたためにスキャンダルに巻き込まれる運の悪い人もいます。

本当の意味で運が良いこと。すなわち幸運とは、

「自分が定めた運命を知り、その運命に乗って学び、心を豊かにして、この世に生まれてきた目的と使命を果たすことができたとき」

ではないでしょうか。

そうするためには自分の定めた運命を知らないと得られません。

たとえ、その運命を知り得ても、健全なる身体でないと働くことができないでしょう。また健全なる精神でないと、幸運への道は閉ざされるでしょう。

また、明るい豊かな家庭でないと、健全なる精神にも、身体にも恵まれないでしょう。

幸運を手にするためには、自分の運命をよく理解して、健全な身体を維持する調和された食事と、健全な精神（心）を養うことができる明るい豊かな家庭があることが、幸運の原点になるでしょう。

このことは大切なことですので章を改めてお伝えいたします。

幸運を手にするには調和が大切です

日本という国は、世界でほかに例を見ないほど自然に恵まれております。一年は春、夏、秋、冬の四季があり、各季節には、それぞれの趣と美しさがあります。

春には、暗くて寒い冬からの解放感と生きている喜びを寿《ことほ》ぎ、新鮮で初々しい食べ物があり、命をたたえて咲き誇る花々や若葉が地上を覆いつくしてくれる。やがてその若芽の茎も夏の陽を浴びてすくすく伸びて大地に根を張る。茎にはナスやキュウリやトマトなどの実をつける。見えない根は土深くのびてジャガイモやニンジンなどを育てる。

夏には夏用の食べ物がある。それは熱くなりがちな体温を冷やしてくれると同時に、夏季に必要な栄養素を提供してくれる。

暑い夏が過ぎると実りの秋になります。実りの秋には冬の分も含めた食べ物が採れます。冬の寒さに耐えられるように体を暖めてくれる食べ物が多く用意されております。

その自然の恵みに逆らわず素直に戴くことが健康と幸せへの道です。

夫婦のいとなみの原理は陰陽の調和

古事記の中に書かれています、伊邪那岐命《いざなぎ》・伊邪那美命《いざなみ》の会話の中に

「吾が身は、成り成りて成り合わざる處一處あり」といいたまう。

伊邪那岐命のりたまはく。

「我が身は、成り成りて成り餘れる處一處あり。故に、この我が身の成り餘れる處をもちて、汝の身の合わざる處にさし塞ぎて、くに（子）を生みたいと思う。生むこと如何に」とのりたまへば

「よいですよ（然善けむ）」と答えたまひき。

こんな会話があります。

男女の違いは成り成りて成り合わざる（マイナス）ところと、成り成りて成り余るところ（プラス）があるということです。

電気では－と＋です。その－と＋・陰陽が合うことにより、この世のすべてのものが成

り立っております。物質のもとでありますす原子の構造はこの－と＋の電子と陽子の引き合う調和で成り立っております。

それゆえに、結婚の意義は陰陽・男女の調和するところにあります。男女の調和とは仲良くすることです。よく結婚する同士は、運命の糸で結ばれている、と言われております。演歌では赤い糸になっております。あなたはどのようにお考えでしょうか。

結婚した後で考えると、なんだか不思議な力で引き合っていると感ずるというのが実感ではないでしょうか。偶然に出会って、なんとなく結ばれる、と思っていましたが、実際はそれが必然的な出会いであり、計画どおりの結婚だとしたらおどろきですね。

結婚の約束ができると、天上界の役所に申請してこの世に生まれてくる。天上界ではその申請書のデータを超大型のコンピューターに入力し、時期が来ればコンピューターが作動し、各人の守護霊の導きで計画どおり出会い、結婚へと進むようです。

そのようにして結婚したのに、いつの間にかそのことを忘れて離婚される方々が多くなって来ております。二〇〇一年には八〇万組の結婚に対して離婚は二九万組いたようです。お互いの生まれ育った環境が違うために天上界の約束のときと状況が異なっておりますので難しいのでしょうか。せっかく結婚されたのですから努力と忍辱《にんにく》が必要ではないでしょうか。

結婚という宿命は、互いに計画した人生の設計図なのです。自ら書いた人生劇場の台本なのです。離婚は、その主役を自ら降板することになります。離婚の危機にある方はよく話し合って天上界での約束を思い出してください。

結婚は、男女の役割が違うから意義があるのです。男女の考え方も、持ち物も、その役割も違うのです。その違う役割を全うすることに意義があるのです。そこに喜びがあるのです。歓喜が発生するのですね。同性だったらそれは生じないのです。無理に男女の役割を同じようにしようとすると、そこには破壊が待っています。


結婚は宇宙生成の基本「陰・陽の調和」の原理なのでございます。

結婚についての考え方を変えてみませんか。

過去の想念・行為が幸運・不運をつくる

誰でも「あー、これは私の悪い癖だなー」と反省されるときがあると思います。お酒を嗜む者は自分が酒癖の悪いことを自覚しております。タバコを嗜む者にとっても同じでしょう。タバコをやめようとしても止められないのは意志が弱いからかな、と悩む方もおられるのではないですか。ところが最近の精神医学によると意志の強弱とは関係がなく別なところに原因があるようです。

その原因は幼児期から思春期の思い出の中にあるようです。親や兄弟、友達や先生との思い出の中に歪んだ部分があるようです。その歪んだ部分を修正すれば、悪い癖や不運が修正されるようです。

このような治療を精神医学では内観治療といい、だんだんと普及しているようです。仏教では、摩訶《まか》止観《しかん》といいます。止観とは、自分の歩いてきた人生を止まって観る。すべての想念行為を一つ一つ洗い直してみる、すなわち反省・懺悔です。キリスト教では一週間ごとにこれを行うために毎日曜日、教会へ行くのでしょうが、今のキリスト教が正しい生活の尺度を教えているかどうか、それが問題です。毎日の生活の中で、心を汚したり傷つけたりしていますが、その汚れや傷はできるだけ早く取り除いてあげないと未来に悪い結果をもたらします。

過去の想念・行為が現在のあなたを創っています。また、現在のあなたの想念・行為があなたの未来を創ることになります。過去も未来も、今という一点に関わっているのです。今をおいて自分というものはないのです。

幸運な人生にするためには、今を明るく大切に生きる道しかないのです。暗い歌を唄う歌手は不幸が多いようです。カラオケも明るく楽しい歌を唄いましょう。そうしていれば好ましい運命へと変わるのでございます。

アイデアで幸運をつかもう

宝くじは他人まかせですが、アイデアは自分で富を産み出せます。

世界で一番古い特許で一番有用な発明は、切手のミシン目です。あの発明によって個々の切手が切りやすくなりました。その発明者は女性です。裁縫道具からヒントを得て特許にされたのです。いま考えると誰にでも簡単に出来ることです。おなじように日本の古い特許に、亀の子タワシがあります。古い考案ですがいまだに重宝されています。発明といっても難しく考えることはないのです。

人によって色々な望みがあると思いますが、神社やお寺にお参りするとき、なにを願うでしょうか。

いま自分に足りないものを求めるのは人情でしょうが、その求めるものを満たしてくれるものはお金である場合が多いようです。ですから自営業の方でしたら商売繁盛、サラリーマンでしたら高い地位、学生でしたら良い会社への就職、奥様でしたら家内安全でしょう。どちらにしてもそのもとはお金である場合が多いと思います。ですがこうした祈りはすべて他人まかせな行為です。こういうことを仏教では他力本願といいます。今の仏教のほとんどは、この他力本願の教えです。

それに対して自力本願という考え方があります。本来、ブッダ（お釈迦）様の教えはこの自力本願なのです。自ら動かなければ何も得られないのです。どんなに祈っても叶わないのです。自らの行為によって必要なものが得られるのがこの世の仕組みなのです。

お金は人の役に立った代償としての貨幣なはずです。決められた時間分勤めているから貰えるのは当たり前だと思うサラリーマンはリストラされ易くなるでしょう。会社が求めている人材は会社にとって有用な人材です。簡単に言えばお金になる社員です。利益の出せる社員です。

その一つに良いアイデアに富んだ社員がいます。先が読める洞察力を持つ社員です。これはサラリーマンだけではなく、自営業の方も同じです。それらの能力が会社の業績に反映してその会社は発展していきますから、自然と重要な地位につかなければならなくなります。

最近は、子育ての役割を施設にまかせて勤める奥様が多いようですが、会社に勤めることだけが収入を得る道ではございません。今からは自宅にいて収入を得る仕事が多くなるでしょう。そのためには特技を身につけることが大事でしょう。またアイデア・ウーマンになることも良いでしょう。そのためには結婚する前から特技を身につける心掛けが大事ではないでしょうか。

どちらにしても、現代はお金が必要なことが多いので、増収を考えることが大事です。そのための一つの方法として発明があります。アイデアです。

発明するにもコツがあります。訓練が必要です。それにはまず、ご夫婦でテーマを決めて、色々な観点から自由にアイデアを出し合うのです。そのテーマを常に頭におき、発想の訓練を一年以上続けてみてください。そうしますと、あるときヒラメキが出てきます。それが重要なヒントになります。

その次に、そのヒラメキを具体的に表現する知識が必要になります。技術的なことであればその技術力、芸術のことであれば芸術センスです。音楽でも同じです。

有名な芭蕉の俳句に

古池や　蛙とびこむ　水の音

このような情景が瞬時に閃めいても、俳句にはうとい私でしたら

古い池　かえる飛び込み　水はねる

こんなふうに表現したら俳句にならないでしょう。ですから、発明した事柄を、いかに上手に表現するか、商品化するかが次に大切なことです。

このようなヒラメキを仏教では般若の智慧と言います。その智慧の出し方を教えてあるのが「般若心経」なのです。

二一世紀は、知的財産がものをいう時代です。なお、全国組織の(社)発明学会や東京都主催の日曜発明学校などがあります。

色彩も心に影響を及ぼす

色は赤青黄の三原色と白黒の五つからなっています。

我々の生活環境のすべての物は美しい色で彩られています。仏教では宇宙のすべての物を色（色即是空・色心不二）と表します。物の色は毎日見ているものですから気が付かずにいますが、その色によって我々の心は動かされていることが多いのです。

暑い真夏には赤い色の物を避けようとしますが、冬になると赤い色のところへ自然と集まります。青い色の物はその逆です。光の場合も同じです。黒は色ではなく光の有る無しを表します。夜がそうです。暗黒とか真暗闇ともいいます。

黒い物は、光の全波長を吸収してしまい、反射する光が無い状態です。赤い色は赤の色の波長だけを反射しているのです。その他の色も同じ要領です。

黒や濃い色の食物の場合は、太陽のすべてのエネルギーを吸収しておりますので栄養が豊富です。特にミネラルが豊富なようです。黒豆、小豆、黒米、ソバ（皮が黒い）、黒ゴマ、黒砂糖、昆布、ヒジキなどです。

黒い色から受ける感じは重厚で重苦しいですが、心が静まりますので喪服や式服などに利用されます。高級品を黒くしますと高級感は出ますが、日常生活用品やふだん着を黒くしますと気分が重苦しく滅入りませんか。

バブルの頃は、白い自動車が全盛でしたが景気が悪い、悪いと言われ始めた頃より黒い自動車が大勢を占めてきました。電車に乗っていて車内を見ますと皆さんの服装も半分以上の方々は黒の装いです。カバンやリュックなどもほとんど黒です。これでは晴れ晴れとした心になれませんから消費意欲も湧いてきません。これを流行らせた業者の謀略なのか無知なのかは分かりませんが、これでは景気は良くならないでしょう。なぜか消費意欲を落としておいて、景気が悪い景気が悪いと嘆いています。いまだに日本列島は黒い色に覆われております。

早く明るい色が流行らないと景気は上向きにならないでしょう。

一般的に日本では、次のような働きがあるようです。

赤　暑い、血圧を上げる、血気盛んになります、危険

ピンク　恋心、精力増強、老化防止

オレンジ　暖かい、うまい、食欲増進

アイボリー　安定、落ち着き

黄　お喋り、コミュニケーション

緑　安らぎ、健康回復、血圧安定

青　冷静、対人恐怖症がなくなる、血圧を下げる、食欲を抑える

黒　重い、暗い、老化促進

白　清潔、明るい

人によく会うセールスマン・ウーマンや人前で講演をする人は紺のスーツを着ていますと、あがる心を抑えてくれます。友達と会って食事などをするときは、黄色やオレンジや緑色を着こなすと楽しい一時を過ごすことができるでしょう。最近、黒い下着が流行っているようですが、これは肉体の老化促進になります。せっかくの若い肌を大切にしてください。黒い色は男性自身の元気もうばいます。

昔から、女性の腰巻きは赤、男子のパンツ（越中フンドシ）も赤が良いと人類は知っています。どうしても、黒い服を着る場合は下着は赤系統をお勧めいたします。現に、悪魔（サターン）は黒いマントですが内側は赤い裏地です。そのほうが格好も良いでしょう。肉体の細胞にも意志（心）がありますので色への反応も人間と同じなのです。色の取り扱いを間違えますと、自分の望みと違う結果になることがあります。

本来女性は陰性ですから、装いは陽性（赤とか黄）の色が調和してきれいです。男性は

その逆に陰性の色（青とか紺）が自然です。

幸運な生き方には、色の活用も大切でございます。

科学と宗教が一体になることが究極の文明

科学の進歩のおかげで、家庭用品も電化が進みました。洗濯機、炊飯器、エアコン、それにお風呂、ほとんどが全自動ですね。機械が考えて仕事をしてくれます。人間が手をかける必要がなくなりました。ありがたいことですが人間は何を考えたら良いのでしょう。それに、食べ物まで完成品が売られていますので、レンジで「チン」してお皿に並べるだけでも食事はできます。便利になったものです。

家庭の中まで〝ファーストフード〟になりましたが、そんな生活が、人間が望んでいる究極の文明なのでしょうか。便利ではあるが、何か満たされていない。なぜか忙しい世の中だと感じませんか。それは、簡単、便利、安いというコマーシャルで暗示されて振り回されているからではないですか。

本当のものは、材料を吟味し時間をかけて仕込み、調理しますから、値段が高くなります。安くして利益を出すためには、それ相応のものしかできません。

戦後ならいざ知らず、五〇年以上たっても同じような状況であるように感じます。何日も前から仕込み、丹精込めて作った料理を喜んで食べてもらえる、料理を作る者にとって何ものにもかえがたい喜びではないですか。

本当の料理は〝スローフード〟が健康と幸せを呼ぶのです。

大量生産の物より、心をこめた手編みのセーターや帽子を喜んで着る。二・三百円で買えるような花であっても、自分で一年のあいだ手入れした鉢の花が咲いたときの喜びのほうが何倍も大きい。心の豊かさを簡単にお金で買えると思っているのは錯覚ではないでしょうか。

スローライフ、スローフード、そんな中に皆様が求めている幸せの答えがあるのではないでしょうか。道草もまた人生のうちです。

あくせくと通い慣れた道から外れて、だれも通らない裏道に行ってみたら、名も知らない野の花が咲き乱れている。空は青く、そよ風は心の中まで通りすぎる。

あー、幸せの道は一本だけじゃないのだ。

高齢者の仲間になった人たちは、心をより若くして、豊富な経験を生かしゆとりある時間の中で、あと二〇年（平均余命は一七年）の人生の目標を作り、真実の自分らしさと生きる喜びを求めて第二の青春時代を時間をかけて計画してはいかがですか。遊び、学び、ボランティア（奉仕）、そんな中に喜びを見出すことができればありがたい。喜びと幸せは、あなたの心の豊かさで感じるのではないでしょうか。老後が充実すれば至福の人生でしょう。

現在の日本の預金の六〇％以上は高齢者が保有（富の独占）しているようですが、それでは経済が停滞します。景気は良くなりませんから社会不安が益々増加します。

それに、遺産を残して死んだら子供たちの争いのもとになります。遺産相続の争いは修羅場です。地獄です。残された家族が地獄を作り、残した本人も地獄行きです。

お子さんから働く喜びを奪う「美田」を残しては子が不幸です。

キリストは、富める者が天国に行くことは、ラクダに針の穴をくぐらせるより難しい、と諭しています。天国に行くには、この地上での富と名誉と地位、その他すべてを地上に置いていかなくてはなりません。それらを心に掴んで次元の違うあの世に行きますと、あなたの行き先は地獄なのです。これは神の掟です。これはどの宗教でも同じことを説いています。

地上のものを天国へは持っていけないのです。その証拠に、生まれて来たときは天上界のものは何一つ持ってきていません。心も体も裸で生まれてきているのです。天上界へ帰るときも同じです。

天上界へ帰るあなたは、地位や名誉や財産を差し引いた「心」です。それが本当の、あなたの価値なのです。その心を輝かせるために今からの人生を有意義に過ごすべきです。

男性は、自分が突然死んだら家庭はどうなるだろう、とよく考えます。そして最低限家族が路頭に迷わないようにと生命保険に入りました。生命保険のもう一つの目的は、めでたく長生きできたら老後の生活費として子供たちに迷惑をかけないようにという備えです。はたしてそれだけで憂いはなくなるのでしょうか。

自分の死後の家族への思いやりはそれで良いでしょうが、自分への思いやりは充分でしょうか。自分が死んだら一人でどこへ行くのでしょうか。死んだら何も無いというお坊さんが多いのですが、本当に何も無くなるのでしょうか。

もし、死んでも心はそのまま生き残り、同じような生活をしなければならないとしたら、それは大変です。どんな所で、どんな生活が待っているのでしょうか。

それが分からなくては安心立命の生き方はできません。

家族のためには「肉体保険」（生命保険）が役に立ちます。

しかし、自分のためには「心の保険」に入るべきです。死後に憂いを残さないために。この保険に入るということは、宇宙の法則をよく学ぶことです。死後の世界が分かっていれば路頭に迷うことはありません。そのためには宇宙の法則に則った生き方をすることです。

そうすれば死後の憂いがなくなり、毎日が希望に燃えた楽しい一日になります。何の迷いもないから、心が健全になり幸運も喜んで来てくれます。物質文明の進歩より精神文明が進歩しないと物質文明に振り回されます。人間は物質文明に使われる奴隷ではなく、より理想的な文明社会を造ることを使命として生まれて来ています。

人間の死亡率は一〇〇%です

どんなに科学が進歩しても、文化が進んでも人間が生まれたからには必ず死にます。まさに死亡率一〇〇%です。ただ早いか遅いかの違いです。それについては予測ができません。

「散る桜、残る桜も散る桜です」。よく聞く言葉ですが
「あんなに元気だったのに……」

なんて言われたときはもう終わりなのです。

普通の人間には人の寿命は分からないものですが、それが分かる人がいます。そのような方を仏教では「観自在菩薩」と言います。過去・現在・未来を見通すことのできる悟った人です。お釈迦様もその一人でした。

過去、現在、未来が分かるということは、自分の前世は、いつ、どこで生まれて何をしたか。また、来世はいつどこへ生まれて何をするか、ということです。これは自分のことだけでなく世界のことがすべて分かるということです。その能力のある方が観自在菩薩です。「般若心経」の最初に出てくる言葉です。そのように悟られたお釈迦様が、「宇宙の法則と人間の正しい生き方」を説かれたのが般若心経なのです。

そのお釈迦様の教えが仏教であり、その教えを伝える役割を担っているのが僧侶・お坊さんといいます。ところが現代のお坊さんの中には死後の世界がどんなものなのかも分からないと言う方も多いようです。

一月のテレビ番組を見ていましたら、司会者がある有名なお坊さんに、死後はどうなるのでしょうと質問されましたら、

「私は、まだ死んだ経験がないから死後のことは分かりません」

という意味のお答えでした。ガッカリしました。お坊さんとは、お釈迦様が説かれた正法を伝えるプロの人たちです。それで飯を食っている人たちです。

お釈迦様の説かれた死後の世界・天上界は「般若心経」に説かれております。それが正しく伝えられておりません。

現代は、道しるべのない富士山山麓の深い樹海に迷い込んでいるような状況です。こんなときですから正しい人生の道しるべが必要なのではないですか。

このように混乱している時代を末法の時代といいます。正しい生き方が分からない、人間の価値はお金や財産で決まると思っている時代はいつか破滅します。そんなとき、正しい生き方を伝えに地上に降臨される方を「如来」と申します。そして人間の迷いを正す宇宙の法を説かれます。二一世紀は心の世紀です。二〇世紀は物質（お金）優先の世紀でしたから、まだその余韻が残っております。

すでに二〇世紀の遺産の崩壊が、政界や財界や金融機関から始まっています。

いつまでもお金に執着してその渦に巻き込まれてはいけません。

その渦巻きに巻き込まれないために、新しい価値観を持ちましょう。

宇宙の法則の基盤の上で生きる

我々の住んでいる緑の宇宙船・地球号は銀河系の中の太陽の惑星の一つとして存在しております。

銀河系の中には、太陽のように自ら光っている恒星が約二千億個もあるそうです。このような太陽の集団の星雲がこの宇宙にまたまた約二千億個もあるようです。我々が属している銀河系の中心には想像を絶したエネルギーの核（ブラックホール）があり、太陽はそれを中心として回っております。

この世のものも、宇宙も、すべてエネルギーの塊（原子）なのです。その原子構造も円形なのです。宇宙の構造と同じなのです。不思議ですね。

この大宇宙からみますと銀河系は宇宙を形成する一つの生きた細胞です。すべて宇宙の法則のもとに創造され、統一されて何百億年も運行しております。我々の地球は、太陽の莫大なエネルギーと月のお陰で、地上の自然が緑を成しております。そのために動物が生きることができるのです。そのことを考えるとこの宇宙は大きな意志（エネルギー）のもとに存在していると言えます。

宗教では、この大意識を神様とお呼び致します。

会社にたとえれば、神様はオーナー会長です。我々の命（給料）は、神様からいただいております。

仏様が社長です。菩薩様が部長です。諸天善神様は課長で、自分の上司様は指導霊・守護霊様です。我々は神様とは直接お話しはできません。願い事は上司が聞きます。

宗教とは、神様が創造された宇宙の法則を示す教えです。

幸運は次の五つのルール（法則）に招かれております。

1　エネルギー不滅の法則

2　作用反作用の法則（原因結果の法則）

3　波動共鳴の法則

4　循環の法則

5　慣性の法則

この法則は、宇宙が出来たときから未来永劫に変わりません。また人間の手で変えることはできません。従うしかないのです。仏教では諸法無我と言います。

もし、この法則を無視して生活していますと苦痛が生じ、不幸不運になります。

それは、我々の肉体の親は肉親ですが、心の産みの親は、この大宇宙を創造された、偉大な神様だからです。

日本神話では「天之御中主神《あめのみなかぬし》」とお呼びします。この神様は高次元の神様です。三次元の世界では、神様の具体的なお姿は太陽です。「天照大神」様です。

太陽は、すべてに平等に暖かく、唯々無報酬で与えるだけの愛と慈悲の行為を行っています。

このことはどなたでも、理解できるでしょう。

真・善・美

人間の究極の幸せは、真・善・美の三字に集約されております。

真とは、宇宙の真理です。

善とは、善なる行為です。

美とは、その結果です。

真理に適った行為が本当の喜びです。会社の社是にもよく使われますが、その場合の真善美は「清く、正しい仕事は繁栄のもとです」の意味です。

人間の生き方にとっての真善美は、人生の永遠の時の中に求めなくてはならない道なのです。その道を間違えることが苦痛なのです。極端な楽しみや、極端な苦痛を伴う修行の中からは悟りは得られず、正しい道とはいえません。

宇宙の真理を正しく理解して、それを人生の生き方の尺度にしながら、毎日の生活や仕事に生かしていけば幸運な人生が自ずと開けてきます。真に幸運を手にするためには本当の自分を見つけ、その自分を大事にすることです。

幸運を得るためには

あなたは自分というものをどのように考えておられますか。

我々が自分と思っているものには次の三つがあるようです。

1　肉体が自分だと思う
2　名前が自分だと思う
3　心を自分だと思う

私という自分は、この三つを総合して自分と思っているのではないでしょうか。

医学では、心（精神）は脳の働きの一つと考えられておりますが、心の正体は未解明のようです。

仏教では、心を「空（永遠不滅）」と表現されております。

この空は、日本的には氣です。空気、元気、気持ち、病気などです。

お釈迦様は、煩悩を滅却して永遠なる自己を確立することを勧められました。そして正しい生き方の尺度を八正道としてお示しになりました。ただ、お釈迦様の一つの大きな間違いは、家庭を捨てられたことです。良く言えば出家ですが普通に言えば家出です。私はいま、一人で生活しています。その結果、いかに家庭が大切なものであるか、身にしみて分かりました。ですから私の提案は

健全なる身体
健全なる精神

明るい豊かな家庭、です。

これが幸運の原点です。本当に自分が元気で、煩悩に振り回されず、何事にも運がよく幸せな家庭の中から

「永遠の偉大なる自己」

を発見できれば最高です。

我々は、神仏の愛のまなざしと慈悲（いつくしむ心）の手の中で育てられています。

我々は、神様の何よりも大事な「子供」であることを思い出さなくてはなりません。そのことを悟る（思い出す）ために、あなたの運命を、あなた自身が創って来たのです。

現在も、未来も、あなたの心と行為があなたの運命を創造していくのです。

そのことを忘れないように、常に心の中に神様を求めて生きることが「幸運な人生」のすべてでございます。

神様の祝福が、あなたの心に満ちあふれますように。

第1章　生活習慣病から体を守りましょう

健全な身体

我々が自分と思っているものには前述のとおり、次の三つがあると思います。

1　その一つは肉体です。

2　もう一つは名前です。

3　それに心（精神）です。

この三つを総合して自分と呼ぶと思いますが、一般的には体と心が自分だと考えられているようです。

西洋的には

「健全な身体に健全な精神が宿る」

です。

東洋的には

「健全な精神が健全な身体を作る」

ということになります。

これが仏教になると

「色即是空」「空即是色」

と説かれております。

色（体）と空（心）は一体であると言います。

即ち、体と心は「色心不二」と教えています。

洋の東西を問わず、心と体は不可分の一体であって、そのどちらも自分であることには違いはないでしょう。それをあえてここでは分けて検討してみることに致します。

魂の乗り船の肉体とは生まれてから死ぬまで、一番身近な付き合いをしていますが、意外と自分の肉体のことは研究していないのではないでしょうか。また、顔や頭や背中は鏡を介してそれとなく見ておりますが、直接は見ることができません。それと同じように体の中も見ることができません。直接見ることも触れることもできませんが、体はその内臓の影響を強く受けております。

我々は五体や五臓六腑からの多くの通信（情報）によって、暑い、寒いから始まって美味い、まずいと感じます。あるいは体の調子によって爽快とか苦痛の通信もあって、常に体を守るように我々の行動が制御されております。ところがそうした体からの通信を無視して欲望のままに食事を摂っていますと、いずれ内臓は故障してしまいます。

そんなときには速やかに入院して修理しなくては死に至ります。ところが、その通信に気付きにくい故障に生活習慣病（糖尿病など）があります。

日本国民の栄養摂取状況は三〇年前とカロリーにおいては変わらないのですが、肥満人口は格段に増えております。その原因として挙げられていることは

1　肉や脂肪の摂取が四～五倍になった。

2　ご飯（お米）を食べる量が三割減った。

3　生野菜の摂取が増えて、冷え性が多くなった。

4　家庭での手料理（おふくろの味）が少なくなった。

5　朝の食事の洋風化

6　食事時間と睡眠時間の不規則化。

7　運動不足

などです。

豊かな人生を送ろうと思っても、大事な体が病んでいては働くことはできませんから、豊かな楽しい生活は望めないでしょう。健康でなくては何事も始まりません。不運の理由として不健康があることに気付いてから、健康と食事について少し勉強してみました。

あなたは、自分にとって一番大切な肉体をどのように管理しておられますか。

我々にとって無くてはならない体、この体の生命を維持するために必要な本能が三つ備わっております。

その一つは食欲です。

もう一つは睡眠です。

それと性欲です。

この三つがあるために日々肉体が維持され、子孫が繁栄できるのです。この世の勤めが終わり、またいつの日かこの世に生まれて来るためには、子孫が繁栄していないと親となって産んで育ててもらえません。

産んで育ててくれる親がいないと、この地上から人類は滅亡してしまいます。それでは困ります。

健康な子孫が繁栄することは、長い目で見ますと未来の自分のためにもなります。

食事と健康

体の健康を維持するためには食事は一番大切なようです。医食同源ともいわれています。それなのに今までは満腹になれば良いと思っていましたし、ストレスの発散のためか深酒が多かったと反省しているところです。長年の習慣はなかなか直せないものです。私にとって腹八分の食事と、週一回の休肝日を作ることは難問題です。

戦後の食料難時代を生きてきた我々にとっては腹一杯食べることが第一でした。その頃を思い出してみると、食料飢饉のために米や野菜が穫れず、食べるものがない。小学校のグランドまで開墾し畑にしてサツマイモを穫りました。それでも足りず山へササの実を採りに行き、それをダンゴにして昼の給食にしました。いつも空腹でしたから食べましたけれど、とてもとても美味しいとは……。

現代の飽食の日本では考えられない遠き思い出です。

日本にもそんなときがありましたが、だんだんと食料も満たされてきましたら、量より質ということになって、栄養とはカロリーが第一であるという時代から、栄養とはタンパク質であるという時代が三〇年くらい続いたでしょうか。栄養の有る食べ物といえばタンパク質が多い物でした。

その次はグルメ時代になり、脂肪の多い食べ物に人気が集まり、バターやチーズ、肉類やハムやソーセージが全盛になりました。その結果、脂肪の摂取量が四倍にもなっております。そしていつの間にか肥満の原因はご飯だと名指しされるようになりました。誤解というか、無知というか悲しいことです。ご飯が悪者になり、パン中心の欧米食がより健康食とされるようになった結果、年寄りの病だった成人病が若年層にまで広がったために、老人の病気の成人病が生活習慣病と改められました。

ところが成人病の本家の欧米では、生活習慣病の対策として日本食を取り入れた結果、生活習慣病の減少に成功しているようです。日本ではその洋食を取り入れた結果、病人がどんどん増え、その医療費の増加で国は破産寸前です。人ごとではないですね。

最近、日本人の生活習慣病の原因の一つにミネラル不足が言われるようになってきました。栄養学も進歩してきました。

二〇世紀の日本の食事の考え方の推移は
1　カロリー優先時代
2　タンパク質優先時代

3　ビタミン重視時代
4　ミネラル重視時代
となってきています。そうしてグルメともてはやされているものは、脂肪の多い食べ物です。その結果、脂肪の摂取が異常に増えております。

そして二一世紀はミネラル重視と消化酵素重視の時代になり、総合的には自然と調和された健康的な日本食へと進化していくのでしょう。

たった五〇年余でこんなに食事に関する考え方が変わった民族は他にはないでしょう。食事の健康への影響は何十年何百年も後でないと出てこないようなので今後が心配です。

日本民族の食事は、二千有余年の歴史の中で日本食ができあがっています。そのために欧米人より腸の長さが五〇%（八m）も長くなってしまっているのです。それなのに腸の短い欧米人にとっては良い洋食を日本人が食べ始めたら、消化時間の関係でしょうか、大腸ガンが年々増加しているようです。

それに日本民族には、牛乳の乳糖を分解する酵素（ラクターゼ）を持っている方は少ないようです。それを持っていないと脂肪だけが体に残り、乳糖やカルシウムは流れて出てしまうようです。そのような方は肥満になりやすいようです。また、カルシウムは血液の中ではマグネシウムと2対１に保てないと機能しないようですから、カルシウムばかり摂ってもマグネシウムをバランスよく摂らないとやはり流れて出てしまうようです。

肉体にも設計図、設計意図があります。それを遺伝子またはＤＮＡと呼ぶようですが、アジア人（農耕民族）にはその環境に合った体に設計されております。狩猟民族はそれに相応しいように設計されているようです。また、その土地や水に含まれているミネラルの構成が違います。日本列島は水はきれいでおいしいのですが、ミネラル分が少ないので、ミネラルが豊富な海から採れる海草や小魚をよく食べて、不足しがちなミネラル分を補給してきたようです。

食事の基本は、五大栄養素の調和です。季節ごとの旬の食品のとり方が大切です。各季節・季節に体に必要な栄養素を供給してくれるのが旬の食品です。

今の日本では、脂肪分の多い物が美味しいとされております。そのために、牛の脂肪（飽和脂肪酸＝常温で白く固まる脂肪）の多い霜降りの肉が喜ばれていますが、この脂肪は日本人の体では処理する能力が少ないのではないですか。それがここ二〇年の間に約四倍の消費が増えているようです。そのために膵液の分泌も能力以上に要求されるようですから、膵臓の負担が多くなり過ぎるようです。そのためなのでしょうか、膵臓ガンも年々増えているようです。

それよりもっと大変なことが起こりました。

牛に共食いさせていることが発覚しました。BSE（牛海綿状脳症）をめぐる騒動です。神様を恐れぬ行いです。自然の摂理を破壊する行為です。

日本の土地で採れる野菜や魚介類は、季節ごとに体が必要とする栄養素が豊富です。これは神様の慈悲の現れです。お米は、理想的な食品であると世界の学者から称賛されてきました。栄養のバランス、特にミネラルが豊富で保存も利き、収穫量も多いほか、国土における水田は治水能力にすぐれております。田が少なくなると梅雨どきの雨を蓄えてくれなくなり、水害のもとになります。どれをとっても最高なのです。このように、日本の文化は稲作と共に進歩してきたのです。

それが現代、ご飯の食べる量が少なくなり脂肪の摂取が多くなりました。総合的にミネラルの摂取が少なくなっております。それが生活習慣病の大きな原因だと最近の医学は教えてくれます。それとお米には、脳の栄養に絶対必要なブドウ糖のもとの良質の炭水化物が多量に含まれております。朝しっかりご飯を食べないと頭の働きも鈍ります。記憶力も悪くなります。

特に若い人たち、学生にはこの炭水化物が多く必要です。脳の栄養でありますブドウ糖（ご飯が最高の原料）が足りなくなりますと、イライラして勉強に集中できなくなります。その結果キレやすくなります。最近のニュースに多い、若年の犯罪もその一因のようです。朝ごはんを満足に食べさせていない家庭が多くなっているようです。心配ですね。

最近の生活環境では多くのストレスが発生しますので、そのストレスを上手に解消することが生活に必要な知恵でしょう。そんなときほど食事の中身が大切になってきます。

五大栄養素

肉体の健康に必要な栄養素は次の五つです。

1　炭水化物
2　タンパク質
3　脂肪
4　ビタミン
5　ミネラル

炭水化物はブドウ糖の原料です。脳や筋肉のエネルギーになります。

タンパク質は体の骨格や筋肉の原料です。

脂肪は栄養分の倉庫の役目と内臓の保護とホルモンの原料になります。

ビタミン・ミネラルは代謝栄養素です。

最近、重要視されてきましたミネラルは、宇宙の構成要素であります元素なのです。人間の体の九六%は糖質、タンパク質、脂肪、ビタミンで、残り四%がミネラルです。この四%のミネラルが生命活動に欠かせない重要な働きをしています。神経や筋肉の働きから、ホルモンの分泌や細胞増殖などあらゆる体の働きに関わります。

血液の中でカルシウムとマグネシウムは組になって働きます。筋肉に力を入れるように脳から指令がきたときはカルシウムイオンが働きますが、筋肉を緩めるときはマグネシウムイオンが働きます。ところがこのマグネシウムイオンが不足していますと筋肉に力が入ったまま緩まなくなります。これが痙攣です。足のうちはまだよいのですが、心臓の筋肉にこの現象が起こりますと死に直結します。

けいれんがマグネシウム不足の警鐘です。

亜鉛も大切なミネラルです。それは細胞ができるときに不可欠だからです。人間の体は日に日に新陳代謝しております。細胞が新しくでき、古い細胞は死滅しています。二年もすると骨や髪までみな新しく生まれ変わります。そのとき亜鉛がないと細胞ができませんから、くたばった細胞が残ったままになります。これが老化です。

皮膚にどんなに化粧してもシワはどんどん深くなっていきます。亜鉛が不足しますと味覚障害になります。味覚障害になりますと味に鈍感になります。そうなると舌に柔らかい感触をうまみと勘違いしますので、脂肪分の多い食べ物を好むようになります。

シワは、亜鉛不足の証しです。小ジワのうちに対処しましょう。

マンガンは別名「愛情の塩」といわれております。

これは女性ホルモンに重要な働きをするようです。そのほか、骨の発達や炭水化物の代謝、生殖機能や脂肪の代謝に関わります。また、このマンガンが欠乏しますと母性本能がなくなり、幼児に対して嫌悪感を抱き、乳房を吸わせることも拒否し、幼児虐待へと進みますと、専門の博士は警告を出しています。

最近、頻繁に報道される幼児虐待も、ミネラル欠乏と、お金優先の心から起こる悲しい事件です。

最近重要視され報道されてきたミネラルです。

ミネラル名	不足した場合の症状
マグネシウム	錯乱、狭心症、脳血管障害、精神の高ぶり、不整脈
亜　鉛	老化、味覚障害、精子不足、免疫低下
マンガン	糖尿病、ホルモンや生殖機能低下、筋無力症、腰痛
セレン	ボケ、アルツハイマー型痴呆症
銅	しわ、動脈硬化、心臓病、糖尿病
三価クロム	肥満、糖尿病
バナジウム	血糖値上昇
モリブデン	腎臓病、痛風
コバルト	貧血、赤血球不足
ヨード	高血圧、発育不全、知能低下、肥満、糖尿病、乳癌
カリウム	脳血管障害、高血圧

その他に数十種類があるようです。

こうしたミネラルは、お米や海草や魚や根菜類に多く含まれているようです。

人間の内臓は精巧な化学工場です。その工場のオーナーである私たちは、科学に裏打ちされた知識と知恵が必要になります。

おばあちゃんの知恵であります「おふくろの味」には、体が求めるミネラルが豊富に入っております。玄米はミネラルバランスが最高ですが白米にすると劣ります。そのために玄米の糠のビタミンやミネラルを野菜に吸い取らせて漬物として食べる、これがおばあちゃんの知恵です。

世界の栄養学者は一九七〇年代の日本食が人間にとって理想的な食事と称えているようです。日本人のＤＮＡは「おふくろの味」を一番喜びます。

おふくろの味の主役は、何と言っても発酵食品です。体内酵素を補助する食品が長生きにとって不可欠のようです。

発酵食品には味噌、カツオ節、各種漬物（よく漬かった物）、納豆、梅干し、ヨーグルトなどがあります。

消化酵素を助ける食べ物には、生で食べる食品、刺し身、生卵、とろろ、大根おろしがあり、こうした食品を食べると体内酵素の減少を補うようです。長生きしたいなら、長生きした人の食事から学ぶのが一番でしょう。きんさん、ぎんさんを始め明治、大正生まれの方々は長生きされておりますが、昭和一〇年前後生まれの方々は戦争のため育つ環境が悪かった影響が出ているのでしょうか、亡くなる方が多いように思われます。このままいくと二〇〇五年頃より日本の人口は減少し始めます。人口が減ってデフレが進みますと医療費ばかりが増えてくるでしょう。

そうならないようにもう一度日本食（おふくろの味）を検討してみましょう。

例えば、日本食に欠かせない漬物（ぬか漬はビタミン類を五～一〇倍に増やしてくれる）や味噌汁（特に具沢山のみそ汁）には沢山の効能があるようです。

頭の良い子に育てるために

親であればどなたでも子供が元気で頭が良い子に育ってほしいと思うはずです。子供の健康と躾《しつけ》は食事からです。食事の中身と食事をするときの態度の躾です。

最近色々なメディアで脳の栄養学の話を聞きます。脳が活動するのに必要な栄養素はブドウ糖のようです。特に勉強する時間にコンスタントに必要なのです。

朝飯から昼飯までの四～五時間の間、ずっと、ブドウ糖を供給してくれる食品はご飯が最高のようです。パン食では途中でブドウ糖の供給がストップしてしまいますのでイライラが始まり、落ち着いて勉強が出来ないようです。キレる現象の始まりです。

　朝しっかりと、ご飯とみそ汁と漬物（ぬか漬）、納豆や生卵やメザシや干物を食べることにより、脳の活躍が期待出来るようです。実際、朝ごはんをしっかり摂る指導をした結果、合格率が格段に上昇したという結果報告が報道されております。

　朝はその日のスタートです。良いスタートがその家族の健康と幸運に満ちた人生を約束するでしょう。お子さんに朝の食事も充分にあげないで、良い成績ばかり期待しても、それは片落ちです。お子さんが可哀想です。

　お子さんには体に必要な栄養素を充分に与え、心が豊かになるような正しい生活習慣を躾けないと大人になってから不運を味わうことになります。

　日本では母親をカミさんと呼びますが、仏教では女性を未来菩薩（弥勒菩薩もその一人です）と呼びます。お子さんの未来を育てるからです。その育て方によって未来の家庭と社会そして国が決まるのです。

　どんな優れた政治家より女性の子育てのほうが勝るのです。それゆえ、奥様を「おカミ（神）さん」と呼ぶのです。一番身近な神様なのです。それゆえに、体にとって一番大切な食事を、おカミさんに安心してまかせているのです。命を預けているのです。

そのことをお忘れなく。

女性を健康にし、美しくする食品

女性をより美しくする食品は数々ありますが、その中でも特筆すべきものに大豆と、大豆加工食品があります。

大豆に含まれているイソフラボンは、更年期の女性を健康にするばかりではなく、若い女性にとっても生理が順調になり、肌も髪もツヤツヤにしてくれるようです。また大豆に含まれるビタミンKは閉経後も骨を丈夫にしてくれるようです。

おふくろの味にとって大切な天然の調味料であります味噌について、今まで報道された事柄を総合してみますと次の通りです。

味噌の原料の特徴は次の通りです
大豆のサポニンが活性酸素除去

〃　メラノイジンの抗酸化力
〃　発酵によりうまみ成分のグルタミンができる
〃　ペプチドには疲れた肝臓を活性化する
お米の成分が香りと甘みになります。
味噌には大きく分けて三種類あります。

	種類	成分	生産比率	主産地
１	米味噌	米と大豆	八〇％	信州、東北、近畿（白味噌は米が多い）
２	麦味噌	麦と大豆	八％	九州
３	豆味噌	大豆のみ	五％	東海、飛騨

豆味噌の熟成期間は二年～三年と長く、その間に抗酸化物質のメラノイジン（赤黒色）やグルタミンが熟成される。（ＮＨＫテレビより）
※赤だし味噌は一と三の合わせ味噌。
※味噌だれや具沢山のみそ汁、味噌煮込鍋には豆味噌が最適です。

家庭で作るみそ汁は、皆様の好みによって合わせ味噌にして、独自の味を楽しみながら健康管理に役立てるのが良いでしょう。

みそ汁の効能には次のようなものがあります。

1　活性酸素除去（豆味噌の熟成期間により抗酸化力は他の味噌の二～一〇倍）
2　食欲をそそり胃腸や肝臓を活発にする
3　頭（脳の働き）がよくなる
4　高血圧・動脈硬化を抑える
5　ガンの予防（豆味噌のほうが二～一〇倍あります）
6　冷え性や便秘の予防（具沢山にすると便秘が治る）
7　色白の美肌を保つ（大豆のイソフラボン、豆腐）
8　骨を丈夫にする（大豆のビタミンK、豆腐）
　みそ汁の塩分はお椀一杯で約〇・八～一g

その他、ダシとしてコンブや煮干しや干しシイタケ、具として季節の旬の野菜を入れることにより、その分の効能が付加されます。すごいですね。

その他、海苔、ヒジキ、高野豆腐、その他干物等昔から愛用されているものの効能を再発見されたらどうですか。おそらく先祖の知恵に驚かれるでしょう。みそ汁一杯で免疫力が倍加します。

朝には、ご飯と納豆、干物やノリや生卵、それに一杯のみそ汁と漬物——これはその日の活力の源泉となります。

その他、夏の食欲のないときには甘酒が最高です。体が必要としているビタミンやアミノ酸（発酵によって作られる）が豊富で、その他はほとんどブドウ糖ですから、口から摂る点滴と言われるくらいに疲労回復には即効性があるようです。昔から夏の強壮食品として愛用されていたので、甘酒の俳句の季語は夏になっているようです。しかし、一年中効能は変わらない飲み物です。

また、寒い冬には酒粕《さけかす》を利用したナベ料理も同じように体を暖め、免疫力を高めてくれる耐寒食品です。また、冷え性の方は、ショウガ湯に黒砂糖を適量入れて飲みますと、体の芯から暖まります。ショウガは漢方薬です。

◎提案

我々の育ち盛りの頃は、みそ汁の中に入っている煮干しが御馳走でしたので争って食べたものですが、最近はほとんど捨てているようです。もったいないことと思います。ミネラル（カルシウム類）も豊富ですからお子さんには食べていただきたい食品です。食べにくいようでしたら、ミキサーかミルで粉（そのときは煮干しの頭を取って）にしておいて、みそ汁に入れてはいかがですか。それと、みそ汁に入れる昆布は煮込み用昆布（幅の狭いもの）を入れて食べるとミネラルのヨードの補給になります。

また、花かつおや干しシイタケや小エビも粉にしておくと便利です。粉にするときは良く天日（または電子レンジ）で乾燥させてから、ミキサーにかけると粉になりやすいです。

調味料と塩と調理器具

日本の水はミネラル分が少ないので、調味料と塩と調理器具でそれを補ってまいりました。日本の古くからある調味料は世界に誇れるうまみを演出する調味料なのです。

昆布からはグルタミン。鰹節からはイノシンサン（肉のうまみ）。その他、日常使うものに煮干し、干し椎茸。味付けには醤油に味噌に塩、その他胡麻油やオリーブ油等がバラエティー豊かな味を演出してくれます。

それなのに戦後の日本は大きな間違いを犯しました。塩を統制し製造販売を国が独占してしまったのです。その結果、日本人の健康に悪い影響が出ているようです。高血圧や糖尿病、生活習慣病などがこの間に激増しておりますが、これはこの化学塩の影響ではないかと推測しております。海水から塩田で手塩にかけて作られたミネラル豊富な塩は素材からうまみを放出しませんが、化学塩はどんどん出してしまいます。

塩の精製の技術が向上し、純度九九％以上の塩化ナトリウムの化学塩を強制的に使わせたのです。そのために塩は塩辛いだけのものになったため、料理や食品がおいしくなくなりました。それを補うために甘みのある化学調味料が出回りましたが、天然のものとは違います。

体には天然のものが良いことは言うまでもありません。

その化学塩を摂り過ぎると血圧には良くないと盛んに減塩が叫ばれますが、人間の体には塩がないと生きて行けないのです。そのために、戦国時代にも、上杉謙信が敵である武田信玄に塩を送るということが行われたのです。古くはローマ時代、給料は塩（サラリー）

であったので、給料取りをサラリーマンと呼ぶようになったようです。サラリーマンの語源は塩だったのです。古今東西、塩は命の源として重宝されたのです。体に塩を供給しないと元気が出ないのです。働けないのです。

その塩がようやく一九九七年四月から自由化されました。

塩は海の水から作ることが基本でしょう。なぜならば、五億年前の海水と人間の体液とは同じミネラル成分だと言われていますが、人間の体も常にその成分の体液を保つ必要があるからです。それを塩化ナトリウムだけにしますと、塩化ナトリウムは、細胞の水分を放出する働きがあるのです。

カリウムは、塩害を除きながら水分を保つ働きをします。秋に穫れる野菜はこのカリウムが豊富ですから、ナトリウムを摂りすぎても細胞を守る働きをしてくれます。

調味料としてみますとカルシウムが多い塩は「うまみ」が増します。また、マグネシウムが多いと苦み（ニガリ）が増えるようです。料理によって、ミネラル成分の多さが違う塩を使い分ける必要があります。おばあちゃんの知恵であります。「おふくろの味」は、漬物から味噌、各料理によって塩が違っておりました。

一九九七年から自由化になって天然塩が豊富に出回っていると思いますが、お買いになるときは裏の成分表をよく検討し、研究してからお使いください。値段も十倍以上の開きがありますが、ミネラルの成分は生産地や生産方法によって何十倍も違います。カルシウムの多い商品で一〇〇ｇ当たり四〇〇ｍｇ、少ない商品で二〇ｍｇ以下というほどの幅があります。最近の産地表示はあてになりませんので、成分表で判断されることが良いと思います。

調理器具も大切です。おばあちゃんの調理器具の材質は、鉄と銅が中心でした。その他にクギや銅貨をよく使っていました。鉄も銅もミネラルとして大事です。料理中に器具の材質が溶けて、それが料理の中に入ります。アルミやステンやテフロン加工のものでは、それができません。

鉄はヘモグロビンの主要構成元素であります。血液のもとです。

特に銅は、コラーゲン、エラスチンの架橋形成に関わります。不足すれば老化が進み動脈硬化を促進します。若さと美貌には欠かせないミネラルです。

健康とダイエット（リバウンドにならないように）

若い女性の体に関しての一番の関心ごとでありますダイエットの失敗率は、八八％のようです。あなたはどうですか。今の体型に満足していますか。

減量に失敗する原因は色々ありますが、その中の一つに冷え性があります。

二〜三〇年前と今とでは、摂取カロリーはほとんど同じのようですが、最近、肥満になる人が多いようです。その理由は冷え性の方が増えているからであるようです。

それは、おなじカロリーの食事をしても充分に燃焼できず、燃えかすが脂肪になってしまうからであるようです。ですから冷え性の方は、まず、それを治すことが大切です。

野菜や魚や果物には体を冷やす物と温める物があります。目安は、夏に採れる野菜や果物、南洋の海で捕れる魚（マグロなど）は体を冷やします。秋から冬に採れる野菜や果物や魚は体を暖める物が多いのです。これは自然の摂理です。

今は世界から食品が入ってきますので、その点をよく心得ていないと体を害しますよ。

日本的にいえば「旬」にとれる食品を食べることが肥満にならない健康への第一の道です。

健康は自然との調和が大切です。

今までの標準体重BMIは22でしたが、最近の厚生労働省の発表によりますと一番長生きしている人の体重は23〜24.9のようです。
長生き出来ない体重は
BMI＝19以下（上記の2.3倍の死亡率）
肥満体とは
BMI＝26以上
であるとのことです。
なお、BMIの出し方は

$$BMI = \frac{体重（kg）}{身長 \times 身長（m）}$$

一日に必要なカロリー＝体重×30kカロリー
（これは性別・年齢・活動状況によって変わります）

健康であるかどうかの目安に「肥満」があるかありますが、これはまた栄養異常であるかどうかを示すことになります。栄養素をバランスよく摂っているかどうかです。肥満かどうかは体重で示しますが、標準体重（ＢＭＩ）は健康状態を示す一つの目安にもなるのです。これは多くのデータから出されたのでしょう。最近、その数値が二二から二四に変わりつつあります。

日本人の生活習慣病の増加と肥満の増加が比例しているようです。それは日本の食生活の洋風化とも比例しているようです。

ご飯はクリーンな複合糖質のエネルギー源です。消化にも理想的で、体が必要なカロリーに合うように供給してくれます。また、脂肪をエネルギーに変える役割も持っており、必要に応じて脂肪を燃焼してくれますので肥満になりにくい食品の代表です。

実際、ご飯を主食にしている民族にはほとんど肥満の人はいないと思います。それと農耕民族には飢饉管理意識（ホメオスタシス）の遺伝子があります。これは食糧が不作のときも生きられるようしてくれるシステムのようです。そのために普通の減食ダイエットをした後にはその意識が働き、せっせとエネルギーの消費を節約するのです。

また、次にダイエットされると内臓は困りますから、そのときのためにとせっせと蓄えてくれるのです。それがリバウンドなのです。ダイエットした後にかえって前より太るのはその危機管理意識のなせる業なのです。

もう一つ大切なことは、食物を減らしてダイエットしますと、ミネラルが不足しますので、その不足分を骨から補充します。その結果、骨がやせて年老いてから骨粗鬆症になるようです。

脂肪やタンパク質を多く摂りますと、消化吸収のためにビタミンやミネラルや酵素を多く必要としますが、それらが少ないと燃焼できず、脂肪となって肥満になるようです。

「ダイエットの成功は蓄積脂肪の燃焼によってのみ得られる」

その脂肪の実効カロリーは一ｋｇ当たり九〇〇〇ｋカロリーです。一ｋｇの脂肪を減らすために、代謝栄養素のビタミンやミネラル、そして食物繊維を充分に摂り、一日に五〇〇ｋカロリー分の脂肪を燃焼していっても一八日かかる計算になります。例えば、一ヶ月に三〜五ｋｇの減量をしても脂肪分は減っていなくて、他の筋肉や骨や水分が減っていることになりますので、健康には良くなく老化を速めます。これは栄養失調なのです。ＢＭＩが一九以下になると死亡率が二倍以上になるようです。

標準体重はあくまで目安ですが、実際はこれより少し太りぎみの方のほうが長生きしているようです。

女性は肥満を嫌いますが、適正な脂肪は必要です。脂肪の役割は内臓の保護やホルモンの生成に必要ですし、胎児の保護のためにも皮下脂肪が必要です。そのために女性は男性より多くの脂肪が必要なのです。

また、男性の多くは少しふっくらした女性との結婚願望があります。それは母親と似た姿を求めるからでしょう。どうしても、ダイエットが必要な場合は長期計画で実行してください。

ダイエットするときの注意事項は、間食に気を使うことが大切だということです。ダイエット中は空腹のために、つい間食をしてしまいます。とくにいけないのは油で揚げた物です。ポテトチップスのようなものが強敵です。酒を飲む方は、つまみに気を使いましょう。酢の物やとうふ類、野菜の焼き物は味方ですが、フライやテンプラや中華ものは強敵です。

酒一合のカロリーは、約一九〇kカロリーです。

しょうちゅう一合は、二〇〇kカロリーです。

缶ビール（三五〇mℓ）は、一五〇kカロリーです。

酒の場合、甘口と辛口とでは違います。これはその産地の水のミネラルの状態で甘口（おんな酒）と辛口になります。辛口は糖分が完全に発酵した状態の酒です。

理想的な体重を保つには、食べたカロリーと消費するカロリーのバランスがとれるようにすることです。

例えば、あなたの家庭の収入と支出のバランスです。支出より収入が常に多いと銀行か郵便局へ預金されるでしょう。それも長い期間の定期預金です。

ところが、収入の不安定な家庭の奥さんでしたら収入の多いときは必ず蓄えますが、収入が減っても、いざというときのために預金を使わず節約して生活を守るでしょう。体の臓器にも人間と同じような独立した意識があるのです。医学ではそれを自律神経と言います。体の臓器だけでなく細胞も細菌もすべて意識を持っております。それらすべての意識はあなたの命令がなくても各々の役割に従って忠実に活動しているのです。その役割が遺伝子に書いてあるのです。

人間（心）も六百兆の細胞を従えた会社の社長のような立場なのです。五臓六腑の取締役に指示して肉体を運営しているのです。正しい指示と食品を供給してあげないと、どんなに忠実な部下でもお手上げです。それと、自分の行動を分かりやすくしてあげてください。それには規則正しく食事をすることと、食事の始めと終わりをはっきり知らせることです。

「いただきます」「ごちそうさま」その言葉によってホルモン分泌がよくなるのだそうです。

また仕事から帰って来たら、食事をして、それから一時間あとに風呂に入りますと、約四〇〇kカロリーが消費されるようですから、脂肪の消費に役立ちます。

健康を保つためには、あなたの肉体の社長としての役割を自覚して、部下の各臓器が活躍し易いように日々の生活習慣を正しましょう。自分のことしか考えない悪徳社長のように狂っていると、部下もそれを真似て狂います。その結果が生活習慣病なのです。

健康で感謝の心に満ちた明るい家庭が幸運のもとなのです。そのことを親は一番喜び、先祖も喜んでくれます。

食事と健康のまとめ

(1) **体が求める五大栄養素のバランスを大切に。**
(2) **脳に必要な栄養はブドウ糖です。その良質の原料はご飯です。**
(3) **健康と若さの源泉のミネラルの宝庫は玄米です。**
(4) **消化酵素の宝庫は漬物です、特にヌカ漬けが良い。**
(5) **体が求めている栄養素の六〇%が炭水化物です。**
(6) **おばあちゃんの知恵「おふくろの味」の再発見。**
(7) **人体の危機意識を考えてダイエット。**
(8) **ダイエット中もミネラルを十分に摂取する。**
(9) **みそ汁一杯が健康のもと、便秘には具沢山のみそ汁。**

⑽ 冷え性は健康の敵、肥満の敵、夫婦不和のもと。
⑾ 豊かな朝ご飯が頭の良い子を育てる。
⑿ 温かい手料理が明るい豊かな家庭をつくる。
⒀ 脂肪が美味しいと思うときは味覚障害と疑ってみる。
⒁ 調味料と塩で素材のうまみを引き出す。
⒂ 調理器具の選択も料理のうちです。
⒃ 手をかけずに、安くて体によい料理や食品は作れない。あなたの愛情が家族の健康な身体をつくるのです。

病気治療と体質改善

昔々、またその大昔から日本民族は生きてきました。医学的な専門知識はほとんどありませんでしたが、生活の中での繰り返しの体験によって、先祖より伝承してきた知恵と中国伝来の東洋医学（漢方）と、さらに近代になって西洋医学が輸入されることによって現在に至っております。

「おふくろの味」は、そうした先祖の経験の知恵の結晶と漢方薬の知識とが一体になった食べ物なのです。それはその地域の気候に合った旬の食べ物を巧みに採り入れた健康増進と病気予防の料理です。

昔の田舎にはお医者さんが居ませんでしたから、おばあちゃんの知恵が頼りでした。おばあちゃんの医学的知恵と栄養学でその一家の健康が左右されたのです。ところが現代は病気になればすぐ入院できますので、病気に対する深刻さは昔ほどではないでしょう。今、病気を治す医学には

東洋医学
西洋医学
精神医学

があります。

東洋医学

昔から人間の一番の望みは不老長寿のようです。

病気になってから治すのではなく、東洋医学は予防医学が基本のようです。

東洋医学の生命観は、遺伝的体質と後天的な食事による影響を診ています。
身体の調子を
氣……気が有るか無いか。（氣とは宇宙のエネルギー）
血……血液、特に脈拍の陰陽、虚実、強弱、左右のバランス等の状態を診る。
水……体液、特にリンパ液の流れを診る。
の三つの点から、体質としては、
陰と陽
虚と中と実
に分類して診ます。
診察方法は面接と会話、それに脈診ですが、補助的に血圧も参考にされているようです。
次のページの表で簡単に自己診断してみてください。
自己診断表の七項目の問いに対して、ハイかイイエの欄に○印をつけてください。
そのハイの欄の○の数が四つ以上になるあなたは「実」の体質、堅牢な体質です。
同じようにイイエの欄の○が四つ以上あるあなたは「虚」の体質になります。
その上に、血圧が低く、冷え性で胃腸虚弱だと陰虚《いんきょ》症と言って健全な家庭生活を営むこ

	ハイ	中間	イイエ
首が太いほうですか			
体力があるほうですか			
皮膚ツヤがあるほうですか			
手足の冷えを感じますか			
人にくらべて疲れにくいですか			
一日でも便秘をすると不快ですか			
声が力強いほうですか			

NHKテレビ放送より。

とが難しくなります。

この体質を治すには、専門の漢方医に治療していただくことをお薦め致します。

じっくりと養生しないと一生不運を嘆く結果になります。中間の方は普通で良いのですが、生野菜は出来るだけ避けられるほうが良いようです。

治療方法は、鍼や灸や漢方薬が主です。昔からお茶は漢方薬の一種です。色々なお茶がありますが、それぞれそれなりの薬効があります。今、飲んでいるお茶の他に、玄米、ドクダミ、スギナ、よもぎ、大麦、びわの葉などを煎じて飲まれると、益々健康になられると思います。特に妊娠中は必要なようですから、漢方薬店で相談されると良いでしょう。

西洋医学

西洋医学は、対症療法が主なようです。ですから、ウイルス性の病気や各臓器・器官の治療や切除、ケガ等の外科的治療が得意とされているようです。

最初に解剖を手掛けられたのは、芸術家のレオナルド・ド・ダビンチのようです。彫刻や絵画を描くのに人体の構造が知りたいと三〇体ほどの解剖をされたようです。能力のある人は何事にも才がたけているのですね。西洋医学も、病気の原因が心にあると、精神医学として研究成果が発表されるようになりました。

東洋医学の特徴は、自然と調和した体質改善と予防医学だと思います。

一般家庭で簡単にできる予防方法がありますので二・三お伝え致します。

本来はモグサでお灸をすることが良いのですが、今はやりの衣類に貼るカイロでも効果がありますので試してください。

肩こりは万病のもとです。

①　肩こりのツボ肩外兪《けんがいゆ》は①の所です。

風邪かな、と思ったら、

②　風邪のツボ風門は②の所です。

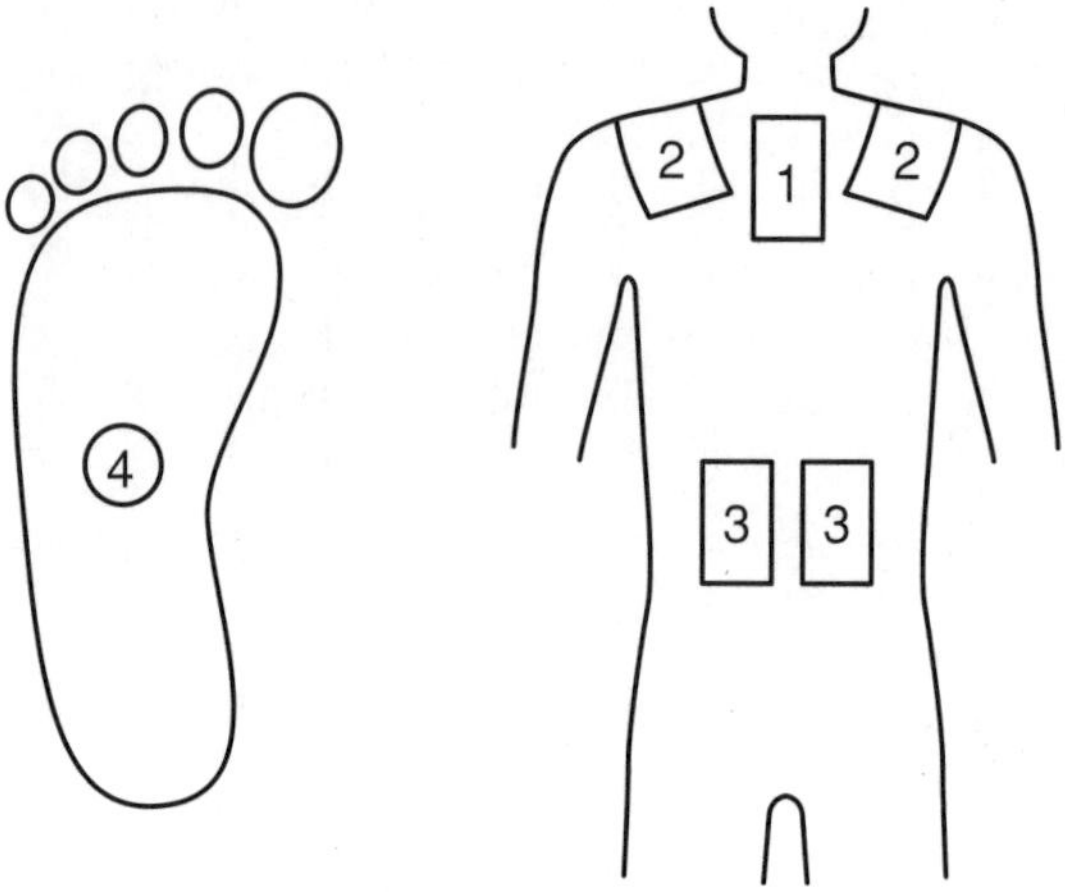

気力を充実させましょう。

③　元気の出るツボ志室《ししつ》は③の所です。

―この志室というツボは「意志の部屋」という意味ですから、ここを温めたり、マッサージをしてあげると副腎を強化します。

この副腎の機能が低下しますと足の冷え、腰痛倦怠、不眠、肩凝りなどの症状が出ます。副腎が強くなると意志は強固になり、人生の勝利者の道へ邁進することができます。ここを冷やすような服装は避けましょう。

足の裏の④の所は、湧泉《ゆうせん》というツボです。ここを指で指圧しますと、勇気が湧き出るようになります。元気が出ます。その他、足の裏には色々なツボがありますから、全体に指圧してみて痛い所があれば、その箇所をよく

指圧して、痛みがなくなるようにすれば家庭での予防治療になるでしょう。（以上は順漢堂の資料を参考にしました）

健康な身体を保つためには、食べ物や飲み物を自分の体質に合った物にする。

あなたの健康のために旬の食べ物は存在する。

体質を強化するためには、ツボによる自家治療を続ける。持続は力なり健康なり。

明るい笑いとおふくろの味が健康と幸運のもとです。

第2章　運命の原点　生年月日と名前

名前の影響力

姓名には名字と名前があります。

名字はあなたの先祖や家族や親戚が同一の氏を使うことが多いと思いますが、それによって一族の血統が分かりやすくなっています。最近、夫婦別姓にしようという動きがありますが、別姓にすると家系図が面倒になりますね。

名前はその人・個人を表しますので個性があります。その個性は文字の意味からの影響と名前の画数からの影響が考えられます。

数年前のこと、子供の名前を「悪魔」と付けようとした親がいましたが、役所ではそれを受け付けなかったようです。もし、そのお子さんに「悪魔」と付けて皆から「悪魔」「悪魔」と呼ばれて育てば、その子はどんな子に育つでしょう。恐ろしさを感じます。

それに対し「天使」という名前を付ければ、どのような子供に育つでしょう。このように、新しく生まれてくる魂の運命は名前によって変わることと思います。

親はその子に良かろうと思って命名するのですが、本人に不都合が生じたり馴染めない場合もあるかもしれません。そのようなときには改名ができます。

戸籍の名前を改名できるときとは
(1)　同じ地域に同姓同名の者が住んでいる場合
(2)　弁護士や僧侶になったり、またはやめたりするとき
(3)　営業目的による襲名（名前入りの屋号を継ぐような場合）
(4)　珍奇な名、難解な文字の名
(5)　帰化した場合
以上のような場合に改名できるようです。

字画数の影響

最近では、子供の名前の付け方、名前の画数の善し悪しに関する本が多く出ているようです。親として後から喜んでもらえるような名前を付けてあげたいと思うのは微笑ましいことです。名前の画数の善し悪しは名字との関わりによって変わってくるようです。

一つ一つの数字の基本的な意味合いを分かっていると理解しやすいでしょう。

この数字の意味合いは民族意識によって変わってきますので世界共通ではないのです。

例えば、日本では九は苦につながるから凶数、四、四二という数は死につながるから縁起が悪いと嫌われ凶数ですが、欧米では好まれます。特に野球などは四番が最高打順なので好かれる数字なのでしょう。その反対に日本では、商売繁盛の数として一三は好まれますが、キリスト教の国では忌み嫌われます。特に一三日の金曜日は大凶です。このように数字の善し悪しは民族によって変わります。

日本における数の一般的な意味合いは、

一　はじめ、万物の基本となる数字です。

この数の性格は温和、誠実、理性を合わせ持ち、大物としての風格を持っています。

二　陰から陽に、陽から陰の変化を表すようです。デジタルがこの二進法です。

一＋一で二になりますが、家庭や団体の中で自分がナンバーワンと思っている人が二人いると、その家庭や団体は混乱したあげくに解散するでしょう。

この数の性格は増殖、急変、色難などになります。

三　太陽をＳＵＮというように燦々と燃える明るさです。ワルツのリズムです。

この数の性格は陽気、活気、実行力、などを表します。

四

静寂を表すようです。ブルースのリズムです。

二＋二で四になりますが、静とか止の言葉のイメージがあります。

この数の性格は沈着冷静、孤独、甘え、挫折などになるようです。

五

中庸を表すようです。

一から一〇の真ん中なので中庸なのでしょう。

この数の性格は内柔外剛、精神力、円満を表すようです。

六

未知の可能性を表すようです。

この数の性格は男性が持つと統率力、人情、正義、行動力を表すようです。

七

金属のような硬さを表すようです。

この数の性格は強い意志、突進力、正直、頑固などを表します。

八

末広がりを表すようです。

この数の性格は粘り強い性格、すぐれた先見性、機敏、スタミナを表します。

九

よい意味で極める、悪い意味で流転を表すようです。

この数の性格は、才能を極める数ですから、芸術・芸能に向きますが不安定な要因もあります。

一〇　無から有を表すようです。

この数の性格はアイデア、遭難、運命逆転などを表すようです。

これらの数の組み合わせで、ある程度の運命を推理できるようです。

例えば野球の背番号でみますと、巨人軍の一番は王さん、三番は長島さん、一六番は川上監督でした。この方々が活躍されたときは常勝の巨人軍でしたが、引退されてからはその栄誉を称えてその番号は永久欠番になってしまいました。その後の巨人軍は冴えないですね。ようやく三番の長島監督が復活しましたら優勝しましたけれど。

なにごとにも実力が大切ですが、それにプラスしてこうした数の力も活用されると、より良い結果が期待できます。やはり優れた選手にはよい番号の背番号が、さらなる活躍への力になるのはないでしょうか。すぐれた力を持っているのに凶数の背番号をつけているために力を出し切れずにいる選手もいましたが、今年から背番号が変わった選手も多く見かけますので、今年は期待できるでしょう。

日本を飛び出して活躍しています野茂選手は背番号一六で世界的に活躍されておりまし

た。この一六の画数を外画数に持っている方は事業には最適の画数です。

名前の画数では外画数と総画数が仕事や人間関係に重要視されています。

事業家の中には、六・一六・二三・二九・三二の画数を持って成功される方が多い。それと組織の長になる方は頭領数の二一・三一・四一の総画数を持つ方が多いようです。また七・一一・一七・三七を持つと個性的になり、その数が多くなると頑固になります。

仕事や人間関係を表す外画数

外画数は人間関係や仕事を表すようです。

一一の画数は頭領数ですが独立独歩、人との調和を大事にすれば大成します。

一二の画数は水（化粧品、飲食）に関わる仕事が良いようです。

一三の画数は人気を表すようです。人に助けられる数字のようです。

一四・二四の画数はお金に縁があるということで最近よく改名に使われる数のようですが、良いことばかりではないような気がします。

一五の画数は温和な人柄が好かれますので、友達に恵まれます。

一六の画数は何をやっても成功する大吉ですが、情にもろい。

一七・三七の数は教師や指導員、それに僧侶に適性があるようです。

一八はスタミナ数ですから、スポーツ選手に多い画数です。

一九は芸術、芸能、作家の方に多いようです。

二〇はインスピレーションに富んでいる方が多いようです。お金もよく入ってきますが出る方も多くて、いつもプラスマイナス〇になり易い。

一生を表す総画数

総画数はその人の一生を表すと言われております。ですがどんなに総画数が良くても一生良いことばかりは続きません。豊かになるためには、そのための努力をしないと、かえって不運になることもあります。

若くて元気なときによく学び、よく努力して晩年に素敵な実りある生活ができることが幸運な人生でしょう。どんなに名声と富を得ても、晩年を刑務所暮らしで終わるのでは悲しい人生です。総画数が大吉数でも謙虚さが大切です。

（主に性格と中年運）

内画17

高島良次

総画数33

（人生全般と晩年運）

外画16

（主に仕事、人間関係）

総画数が事業適性数の一六・二三・二九・三二・三七だったり、頭領数の一一・二一・三一・四一等の強い総画数を女性が持っていると、結婚相手に恵まれないこともあります。その場合は同じような強い画数を持った相手を選ぶと良いでしょう。

また、結婚して姓が変わって前記の画数になると、夫婦のバランスが崩れ易くなります。最悪の場合は離婚することになりますので、この字画を持ったご婦人はその点をよく自覚し、常に柔順な態度を心掛けて、明るく謙虚な態度で生活されると家庭は繁栄します。

会社名も画数の影響を受けているようです。

会社の場合はその役員、特に社長の名前の画数が大事なようです。

また、日本人の嫌う四の画数では「山一」証券、同じように九の画数の「ヤオハン」は元の名前は「八百半」でした。八百半のときはものすごく発展したのですが改名されてからはご存じの通りです。

画数の数え方によって随分変わってきますので、我流で判断すると間違うことがあります。また戦前と戦後では書き方が変わったり数え方が変わったりしているようです。

例えば、清は一二→一一、江は七→六、恵→恵

同じ人間なのに時代によって変わるのは変に思いますが、それは、その時代、時代によ

って文字の書き方や画数の数え方が変わるから仕方がないのです。これも時代によって民族意識が変わるからです。ですから、戦前生まれの方は戦前の画数で数え、戦後生まれの方は戦後の数え方で数えるとだいたい当たります。

どうしても気になる方は専門の方に観てもらうといいでしょう。私は専門家ではないのですが、この画数に興味を持って三〇年余の間、身近な人から新聞をにぎわす方々のことまで、ずーっと見てきました。

本来こうした易は、帝王学として発達したものと思われます。部下の性格や特性を知り適材適所に配置するためと、自分より能力がある者がいては、いつか自分の地位を脅かされる心配があったからです。

いまここに記載した目的は、自分の運命を理解する一つの方法として提案しております。まず己を知ることが大切ですから。

類は類を以て集まる

名前の画数を見ていて興味を増すのは、同じ数字同士は引き合う力があるということに気づくことです。名前の画数は五組に分類されております。その中のいずれか同じ数のある人は何となく気が合うのでしょう。縁ができて長続きします。あなたの友達関係も、恋人も、あるいは仕事関係でも、多分同じ画数の方がおられるでしょう。

よくあることに、結婚前には気の合う関係でしたが結婚して名字が変わったために相性が悪くなることがあります。そのことが気になる場合は呼び名は変えずに文字だけを変えるのも一つの方法でしょう。

例えば、

玲子↓礼子↓令子↓怜子↓鈴子……

というふうに同じ呼び名でも色々な画数の名前がありますので、その中から良い画数の組み合わせになるように選んで改名されると良いでしょう。同じ呼び名で改名しても最近の名前はカタカナで登録されておりますので、通常名として使っていても不便がありません。ただし、印鑑証明が必要なときは戸籍の名前でないといけません。

改名

改名の目的は、改名によって心機一転させ新境地を開くことでしょう。より己を高めることにあります。

そのためには「私の名前が変わりました」と社会に宣言することが大切です。こっそり変えて何の変化もみられないからいつの間にか元に戻すのでは、かえって数の波動が乱れます。

改名の例として、ゴーダマ・ブッダ（お釈迦様）のお弟子にウパテッサという優れた僧侶がおられましたが、ブッダ様から「修行も進んだようだから、この際名前を変えなさい」といわれてシャリー・プトラと改名されたのです。

その後のシャリー・プトラ様の進境著しく「知恵第一」と言われるようになられたのです。それが中国・日本に伝わって、舎利子（舎利佛尊者《しゃりほつそんじゃ》）となっております。その後この改名が戒名となっていつの間にか死者に対してもつけるようになったようです。本当はこのように生きているときに改名することに意義があるのです。死んでからでは本人には分かりません。改名されても死者は、そのことを知りませんから、全く無意味です。

改名するときに大切なことは、自分の進もうとする方向に合った名前でないと逆効果になるということです。

インド時代の舎利子（シャリー・プトラ）様は今生では九州は鹿児島で誕生されました。お名前は園頭広周《そのがしらひろちか》先生です。

正しい生き方の教えや正法の普及に努力され、多くの書物も残されご活躍されましたが、三年前に天上界にお帰りになりました。私は園頭先生から直接多くのご指導を受けることができましたので皆様にお伝えできるのです。

二〇世紀は物質優先の時代でした。

価値の尺度がお金や財産になっております。お金儲けがすべてのように錯覚している人が多いので、お金が儲かるような名前の画数（二四）がよく使われます。お金は大切ですが、すべてではありません。目的達成のために必要なだけのお金があれば良いのです。それ以上あるとかえって自らを迷わせます。現在の日本経済の混乱のもとは何かといえばバブル（金余り）に躍らされた結果でしょう。多すぎるお金は人を狂わせます。

目標の達成のために、必要なお金が入るように努力することは、これまた大事な修行なのでございます。

お金は必要ですが、より多く独占しようとするといつかは破滅への道に通じます。

金持ち三代続かず。うまくできています。

生年月日による数の波動と周期律

四柱推命という言葉をご存じでしょう。

これは、あなたの生まれた年と月と日と時間の四つの因子で運命を推理するということです。生年月日は名前と違って変えることができませんから、運命の基本・原点になると言えるでしょう。

我々の住んでいるこの地球という宇宙船は、太陽と月の影響を受けて色々な周期律を持っています。一日は昼と夜、陽と陰で成り立っております。

現代の電子機器やコンピューターの心臓部分はデジタルです。

このデジタルとは、陽と陰、有るか無いか、＋か－かで出来ています。簡単な原理なのですが、これがものすごい複雑な計算をこなします。

易の世界でもこの陰と陽や周期律が良く使われます。

基礎数								
1	2	3	4	5	6	7	8	9
10	11	12	13	14	15	16	17	18
19	20	21	22	23	24	25	26	27
28	29	30	31	32	···· 以下無限に続く			

個人のラッキーナンバー＝西暦十月十日の合計の基礎数
例　1936＋3＋28＝1＋9＋3＋6＋3＋2＋8＝32＝5
これは私のラッキー番号

一年は三六五日と四分の一という周期です。

また一年は一二ヶ月、春夏秋冬の四季の周期があります。地球の衛星であります月は約二九日半の周期です。暦はこの月の周期律でできており、満潮・干潮もこの月の影響です。

一週間は七日の周期です。

また、どんなに多い数字でも一～九の基礎数字で表すことができます。

例えば
二〇は……二と〇を足すと二
二一は……二と一を足すと三
二二は……二と二を足すと四
二三は……二と三を足すと五
二四は……二と四を足すと六
三五は……三と五を足すと八

四五は……四と五を足すと九
四六は……四と六を足すと一〇、一と〇をもう一度足すと一になります。
四七は……一一、もう一度足すと二
このように、どんな数でも一～九の基礎数で表すことができます。
それから各人のラッキーナンバーの出し方ですが、まず、あなたの生年月日を西暦で書いてください。一、九、〇、〇年〇月〇、〇日。その一つ一つの数を個別に全部＋してください。多分三十幾つか四十幾つかになるでしょう。それを基礎数になるまで＋して出た基礎数があなたのラッキーナンバーです。この数があなたの一生の中で良い結果をもたらす数になるでしょう。
易では一二の周期律を干支で表しております。子丑寅……。また、一から九の周期律（一白～九紫）などの組み合わせで観ているようです。これを十干十二支といいます。「五黄の虎」というのがこれです。
このような変化要因の周期をもとにデータ化したのが「易」ですから、当たることもあるし当たらないこともあるのです。当たる確率を高めるにはこの周期因子（柱）を多くすれば良いことになります。少ないと確率は下がります。

それと、一番大切なことは、心の影響を考えなくてはなりません。この心のエネルギー（力）を考えないと、当たるも八卦、当たらぬも八卦ということになります。

人間が生まれた日時で運命が決まっていると考えると何かつまらないように思えますが、前向きに考えればその日時を選んで生まれて来たのだということです。

その運命の中で自らを磨き高めて行くことを目的としているのだと自覚すれば、困難もまた楽しいものです。

貧乏なときは、お金がなければ幸福になれないと錯覚しておりますが、お金をあり余るほど持っている人たちが必ず幸せかというと、そうでない場合も多いようです。それでは幸運とはなんでしょう。宝くじに当たることでしょうか。

幸運の第一は不運にならないことではないですか、とある人が答えました。

では不運の原因とは何でしょう。

病気、容姿、災害、事故、家庭、悪友、短気、不勉強、等々。

幸運になる要因は何になるでしょう。

健康、笑顔、用意周到、安全運転、家庭円満、友情、これに知識と知恵とアイデアが豊富なことではないでしょうか。このような方でしたら豊かな生活ができるでしょう。では

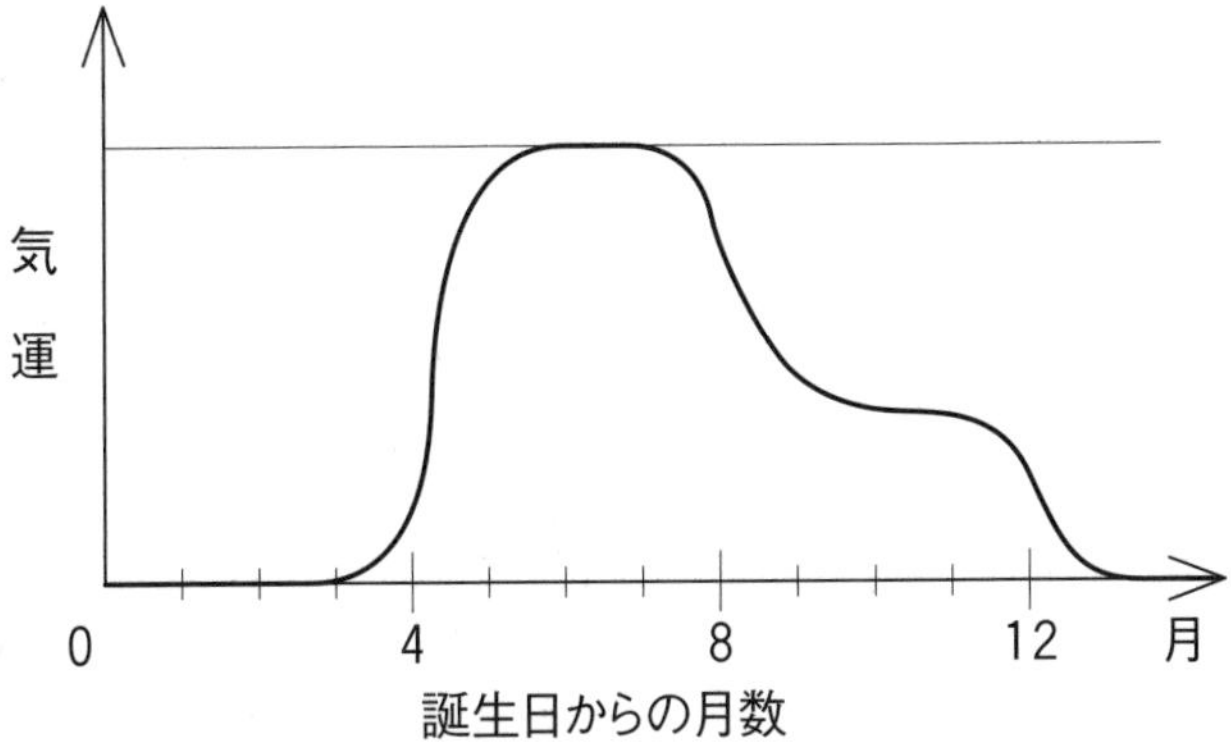

誕生月の波動の周期

不運にならないために知っておかねばならない大事なこととは何でしょう。

植物の多くは一年の波動の中で輪廻転生しています。

お米の誕生は秋です。お米が誕生した後の冬は寝ています。新しいことをしていけないのです。約四ヶ月後からが活動する時期なのです。それが春の種蒔きなのです。

種が蒔かれると芽を出してどんどん育ち夏から秋に穂を出して秋に実ります。同じように、春に収穫できたものは、秋に種を蒔いたり、植え付けたりするのが日本の農作物の自然の波動の周期です。

動物も同じように独自の波動を持っていて子孫繁栄に精を出しております。

人間は生まれた月日による波動があります。それは生まれた月、日によって決まる波動です。

生まれてから四ヶ月間が静止、次の四ヶ月間が行動、次の四ヶ月間が実りです。

同じように年や日にもありますが、少し複雑になりますので省略いたします。

新しいことを始めても良い月の簡単な見方は

　春生まれの方の新規行動は秋が良い。

　夏生まれの方の新規行動は新春が良い。

　秋生まれの方の新規行動は春が良い。

　冬生まれの方の新規行動は夏が良い。

自分の生命の波動を知って無駄のない行動をすることが、幸運への重要な一つの道になるでしょう。

運命

我々が普通に生きているときは、自分の運命は予測のつかないものです。これは、五官の煩悩に振り回されているからでしょう。それが分かるようになるためには、煩悩の執着を断たないといけないようです。

名前や生年月日で自分の運命がある程度は分かっても、今日、具体的に何をしてよいかまでは分かるものではありません。

運命は、もともと自分が計画し創り出したものでありますが、その運命に執着をいだくと運命に心をしばられ、ますます身動きができなくなってしまいます。その執着心から自分を切り離すには何が大事かと言えば、自分の思念や行為を、まず他人の眼で眺めることです。すると自分の思念や行為が、自分の望んでいる道筋に適っているかどうかが明らかとなり、原因があって、いまの結果があるということが理解できるようになります。

そうすれば客観的な心が養われ、他人の眼で自分を眺められるようになれば、しめたものです。自己の運命に苦痛を感じないばかりか、他人に対して寛容な心が大きくひらいていくでしょう。

正しい生き方を実践するためには、努力と勇気と智慧が必要です。

因習や意見の相違をたやすく乗り切るためには、智慧を使って、相手の心を傷つけないように、勇気を持って努力することです。

運命は自分が創造するものだからといって、その目的のために強引な行動や押し付ける行為は、かえって波紋が生じ目的の達成が遠のきます。智慧は、自ら努力する者には与えられます。

神様は、求める者に応じて、道を開いてくださいますが、もの乞いをしてはいけません。すでに、生きるに必要なすべてのものは平等に与えられていることに気付きましょう。

祈りとは、
思念と行為の決意表明です。
そして、
すでに与えられ守られていることへの謝意です。

まとめ

(1) 自分の名前と生年月日で運命の原点を知る
(2) 名前の画数が自分の進みたい方向に合っているか

(3) 改名には呼び方を変えず文字だけ変える方法もある

(4) 結婚して名字が変わって思わしくないときは3の方法が良い

(5) 徹底的に改造しようと思うならば、自分の進む方向に合わせた名前にする

(6) 改名したなら、そのことを宣言して周知徹底する

(7) 新しい事業や転居する場合は自分の誕生月より四ヶ月以降にする

(8) 結婚する月は（特に女性の場合）誕生月より四ヶ月以降にする

(9) 新規の行動は自然と調和し、用意周到にしたほうが良い結果を生むでしょう

(10) どんなに良い画数の名前であっても、結局は己の器に合った生き方が幸運を呼ぶ

(11) 自己の目的達成のためには、周囲の環境との調和が大事です

(12) 人生の目的は、色々経験をして心豊かにすることです

第3章　健全な精神が幸運の条件です

よく心の時代と言われますが、心って何でしょう

二一世紀は心の時代、心の世紀とよく言われます。

では心とは何でしょう。広辞苑によれば、
心とは、「人間の精神作用のもとになる知識・感情・意志の総体」

精神とは、「知性的・理性的な、能動的・目的意識的な心の働き」となっておりますが、何かむつかしいですね。

精神とは「神の精」と書きます。神様の命です。

世間の俗説では「心とは、コロコロ変わるもの」とか「心こそ心惑わす心なり、心に心、心許すな」なんてものまであります。

では仏教ではどのように説かれているでしょうか。

心についての代表的な教えは「般若心経」です。

『般若心経は語る』新居祐政著（東方出版）には、「色即是空（色と空とは一体である）」の色とは、この地上の目に見えるものを表し、空とは仏（天上界）の世界を表すこと。そして、法華経を書かれた天台師は、色と空は一体という色即是空を「色心不二」と表現さ

れていることが書かれております。

これらを総合的に解釈しますと、この般若心経の「空」と、天台様の説かれた「心」とは同じですから、色心不二とは、身体と心は別々でなく一体です、となります。または「心身一如」となります。

『原説般若心経』（三宝出版）の著者・高橋信次先生は、色即是空の意味は
「私たちの心の作用によって、肉体的行為が現れ、肉体的行為があってまた心に作用するのだ」

と説かれております。

また、空は実在（天上界）です、とも説かれております。

そうしますと、色とは地上界となり、空不異色は、「天上界と地上界とは異ならず」となりますから、高次元の天上界と三次元の地上界とは次元は違いますが、心にとっては連続体の世界であると言われていることになります。もう少し解釈を広めますと、この世に生まれてくる前の世界と、この世と、死後の世界は心にとっては連続の世界だと言えます。

過去があるから現在もある、現在があるから未来もあると解釈できます。

こうした高次元の天上界は我々の目には見えませんが、実在しております。

我々は、この地上が絶対的な世界だと思っていますが、現実は、地上のものはすべて移り変わっていますので、今あるように見えても時間とともに変わり果てる相対的な世界です。次から次へと移り変わる諸行無常の世界です。

それに対して天上界なんて、見ることも触れることもできませんから、あるような、ないような世界と思っておりますが、それが絶対的に存在しているのです。ここのところが肉体人間には理解できないのです。そのことを知識で理解しようとしても、難しいようです。そのことを理解するには感性で直感的に把握することが必要です。このことを仏教では悟りといい、この感性を智慧ともいいます。

では、理性、知性でなく感性でこの世とあの世とを観ますと――

地上界は、有限の相対的存在であって、諸行無常の世界です。

般若心経の「色」です。

天上界は、永遠の絶対的存在であって、金剛不壊の世界です。（実在界）

般若心経の「空」です。

この色と空とは異ならず「色不異空」とお釈迦様は説かれておりますので、天上界も地上界も別なものではなく、互いに関係し合って存在しているのです。（仏教であの世は十

万億土離れているとなっておりますが、地上の続きではなく次元が違うという意味でしょう）

地上界は輪廻転生を繰り返し、常に循環していて止まることがない世界なのです。

生命の実相（生命の本当の姿）

我々人間は、目に見えないものをなかなか信じようとしないのですが、我々の目で見えるものが絶対と思っているその目の能力とはどのぐらいのものなのでしょうか。光（電磁波）の波長の何万分の一の約七五〇～四〇〇ナノメートル（十億分の一m）の間の波長の光しか見ることができないのです。

ラジオ用の電波（電磁波）の波長は約三〇〇メートル、テレビ用の電波の波長は約三～一メートルです。我々が絶対だと思っている目は、物のある一部分しか見ていない、不確実なものです。

少し前までは空気の存在は信じられていませんでした。また、ロンドンの霧も詩人が詠ってから存在するようになったと言われます。

現実に、この世で力（エネルギー）を持っていても見えないものが多くあります。

我々が慣れ親しんでおりますラジオやテレビの電波、これは見えないけど存在しております。飛行機を飛ばしたり自動車を動かしているのはガソリンだと思い込んでおりますが、そのガソリンが燃焼したときに出る熱のエネルギーで動いております。こうした熱や電気、磁気、引力、みな力を持っておりますが見えません。その見えない働きをするものをエネルギーといいますが、そのエネルギーも見えません。

また、美しい心の働きであります愛情や友情なども見ることができませんが、実際にあるものですよね。心は高次元的エネルギーの存在ですから見えないのです。

こうしたものはみな高次元のものなのですが、ものすごい力を持っております。そのものすごい力の根源はどこに有るのでしょう。また、どこから来るのでしょう。また誰の力なのでしょうか。それを宗教では、神仏のちから「慈悲」というのです。そのものすごいエネルギー（氣）のある場所は神の世界、仏の世界なのです。

その神仏のエネルギーで地上のすべてのものは生きているのです。

生命あるものはみなこの神のエネルギーを宿しているのです。生命体を動かしているものは、この神のエネルギーなのです。神の精である精神なのです。

人間は生かされているのです。ただ肉体は食べ物のエネルギーで保存されているのです。

これが生命の実相です。この神仏の命で人間は生きることができるのです。ですからすべての人間は神仏の子供「神の子」「仏の子」なのです。その神仏の心と人間の心が結ばれているから生きることができるのです。

それが神様と人間の絆なのです。

その神様の精神でありますす命が肉体から去りますと、それは肉体の止です。死です。心（命）は本来、高次元の存在でありますから、肉体の死と同時に高次元に帰るのです。人間の心は高次元の存在でありますエネルギーですから、不滅なのです。

この「仕事をなし得る能力」のエネルギーや質量が不滅だと最初に証明された方は、物理学者でありますアインシュタイン博士です。エネルギーが不滅だということは心も不滅だということです。

そのことをお釈迦様は般若心経の中で、不生不滅不垢不浄不増不減と表現されております。まだ科学も発達していない今から二千五百有余年前に心とはエネルギーだと説かれているのです。すごいですね。科学が新しくて宗教が古くて遅れていると思っていましたが、これは改めなくてはいけないようです。

ですから、高次元の心や精神を三次元の存在である肉体や脳にどんなに求めても、掴むことはできませんし、心を発見することもできないのです。
唯一、心を見ることができる人は、天使のような汚れなき心の持ち主です。

宗教と科学の真理の探求の仕方

よく誤解されていることの一つに、宗教は信ずることから始まる、と思われていることが挙げられます。宗教の探求は、「なぜ、どうして」から始まります。この世に生きていると色々な疑問が芽生えてくるものです。

まず、人間とは、自分とは、なぜ宇宙があるのか、なぜ地球があるのか、に始まって、なぜ死ぬのか、なぜ苦しむのか。その疑問は限りなきものです。

その疑問の解明を眼に見える物からしていくのが科学でしょう。それに対して、眼に見えない心や宇宙を探求するのが宗教でしょう。どちらも疑問の追求です。

そのために、世界の偉大な宗教家はそのような疑問が起きやすい環境を選んで誕生されるのです。モーゼ様は奴隷の子でした。キリスト様は大工の子でした。お釈迦様は恵まれた環境でしたが、わざわざその環境を捨てて道を求められました。

恵まれた家庭に育ち、親掛かりで大学で学び、なんの苦労もせずに真理に到達できる宗教家はいません。まず、疑うところから探求心が芽生えます。そのように、苦しみや多くの疑問があってこそ、真理の探究へと進めるのです。耐えられないほどの苦労をされる魂は、それだけ高い魂なのです。安易な人生ばかりを求めますと、魂の進歩は止まります。

宗教とは、宇宙を示す教えです。宇宙は真空です。伝える媒体のない真空の中を、心や念波や光や電波はなぜ伝わるのでしょう。

それは神様の慈悲（物理学的には電磁場、重力場でしょうか）のあるところが宇宙だからです。神様の慈悲のないところが宇宙の果てです。どんなに真空でも、その神様の慈悲（エネルギー）の中を、粒子として波として伝わるのでしょう。

我々は神様の体と心の中で生きているのです。だから神様を拝見できないのです。

心の形と姿と色

心は永遠不滅だということをご理解いただけましたでしょうか。

人間は死にたくても死ぬことは出来ない永遠の存在なのです。自殺しても心は死なずこの世からの連続として生き続けます（神様のご慈悲を無視する自殺の場合は地獄へ直行です）。死ぬことが出来るのは肉体だけです。

人間が死ねば肉体は自然に帰りますが、心はそれまでと同じように生き続けます。これは宇宙の法則であります「慣性の法則」に支配されて、心は等速運動を続けております。ただ人間の目には見えないだけです。死後の体は高次元に適した体として目も耳もすべて生きているときと同じようにあるのです。

この世界では、肉体が無いので食べる必要がありません。子孫繁栄の必要がありません。そのために完全に自由自在です。何事も思った通りになります。ただ、生きているときの癖が残っていますとそれに引きずられてしまいます。

あの世とこの世の違いは、まず時間と空間の感覚です。

善を思えば、善なることが即座に現れます。悪を思えば悪が即座に現れます。死後の世界は波動の世界です。

この世は、善人も悪人もおなじ社会で生活することができます。玉石混淆の世界です。だから勉強も反省もできるのです。ところがあの世は、類は類を以て集まる、という宇宙の法則の「波動共鳴の法則」が支配していますので、似た者同士が集まり集団を作ります。

そのために天国・極楽もあれば残忍な地獄もあります。天国を作られた方は神様と仏様です。地獄を作ったのは人間です。人間の限りなき欲望です。それは人間の心の中には神仏と導通した善なる我（道徳では良心）の心と、肉体の欲望の偽りの心があるからです。その心が共鳴し合って集団を作るのです。

欲望は肉体が求める心です。本能や感情の心です。自己保存や自我我欲の心です。

では、具体的に心を分析してみましょう。

感性（智慧）…この感性は、前世までに経験した知恵です。赤ちゃんが産まれて、オギャーと泣いたり、オッパイを吸う動作はこの世で勉強した知恵ではありません。その他この世で学ばなくても知っていることや、よく言う霊感・ヒラメキはこの感性です。仏教では、般若の智慧とも言います。人間の意識の約一〇～二〇％を占めております。

この領域を開拓すると芸術やアイデアに恵まれます。

本能（能動）…人間であればどなたでも知っている心です。

本能は食欲と性欲と睡眠の三つから成り立っております。肉体維持と子孫繁栄のために大切なことです。

感情……自己防衛本能といっても良いでしょう。とくに子供を産み育てる女性には多く必要なのです。ところがこの感情が強く出ますと自己中心的になります。自我我欲が強く出ます。

人の痛みや苦しみが分かると豊かな感情の持ち主になるでしょう。

理性……本能、感情を押さえてくれるのがこの理性です。理性がなくなると、物事を正しく見ることが出来なくなります。

本能・感情・理性の育成は家庭の躾で決まる部分が多いようです。

知性（知識）…人間は一人では生きてはゆけません。社会を形成し助け合うことが必要です。そのためにはルールを作りそれに従わなくては平和は保てない。そのためには社会活動が多い男性には多くの知識が必要になります。その知識を豊かにするのは学校ですが、知識に比例して宗教心や道徳心も必要になってきます。すなわち知育、徳育、体育のバランスが人格形成にとって大切になります。

この五つの中心の器が心です、その心に大小があるのです。

この五つのうち、理性と知性が飛び抜けると冷たい感じがします。夏目漱石先生は著書の中で「知に働けば角が立つ、情に棹《さお》させば流される」と表現されておりますように心の領域が片寄ることは苦痛のもとになります。

人間はこの五つの心が想念し目的を持つ意志になり、行動に移るのです。そうしてこの五つがバランスよく調和した姿が円形になるので、そういう人を「人格円満」というのです。そういう人は心も丸くなっているのでしょう。これは肉眼では見えませんが、心眼では見えるのだそうです。

この心を見る方法として、あるチベットのラマ僧は眉間に細工して第三の眼を作っておられるようです。この第三の眼で心を見ますと、怒ったときは真っ赤な炎に包まれた状態になっているようです。すべての心の状態が心の形と色によって分かるのだそうです。

そんなことをしなくても人間の死後の世界では、心は丸見えになって隠すことができません。ウソを言っても見え見えなのです。あの世では正直に生きるしかないのです。

現在、心を表す図形はハート形ですが、西欧では心を心臓だと思って心臓の形をデザインしたようです。また、各心は常に変化します。恋愛中は理性が小さくなりますので理性の部分が窪み、ハート形になります。こんなときはアバタもエクボに見えます。

どなたも何回か経験された思い出があるでしょう。冷静になってから、なんであんな人に惚れたのだろう……という思い出が。人生の苦い味の、また楽しい思い出です。

心の理想的な形は、柔らかい黄金の光を発している丸い形のようです。洋の東西を問わず宗教画には、そのように描かれております。このような画家は心の眼が開かれて描かれたのでしょう。私もそのような穏やかな心で生活できるようになりたい。

心の変化を図解するのに、数学の表現を借りる

我々の感情とは、コントロールしにくいものですね。なかなか形や数値で表すことができにくいものです。

そのつかみどころのないものを数学の表現の微分で表すと、左記のようなものになるでしょう。

例えば、サラリーマンが昇進して給料が上がった一時は喜びますが、時が経つにつれてそれも当たり前になってしまいます。ところが何かの事情で、給料が前と同じように減給されると、がっかりして悲しみさえ覚えます。実際は前に戻っただけのことなので悲しむことは無いはずです。それでも時が経つにつれて仕方がないとあきらめの境地になります。

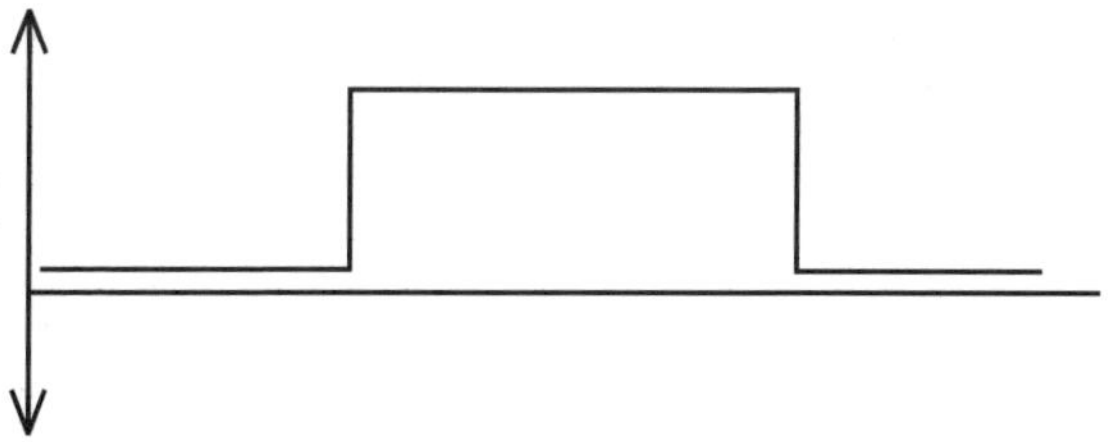

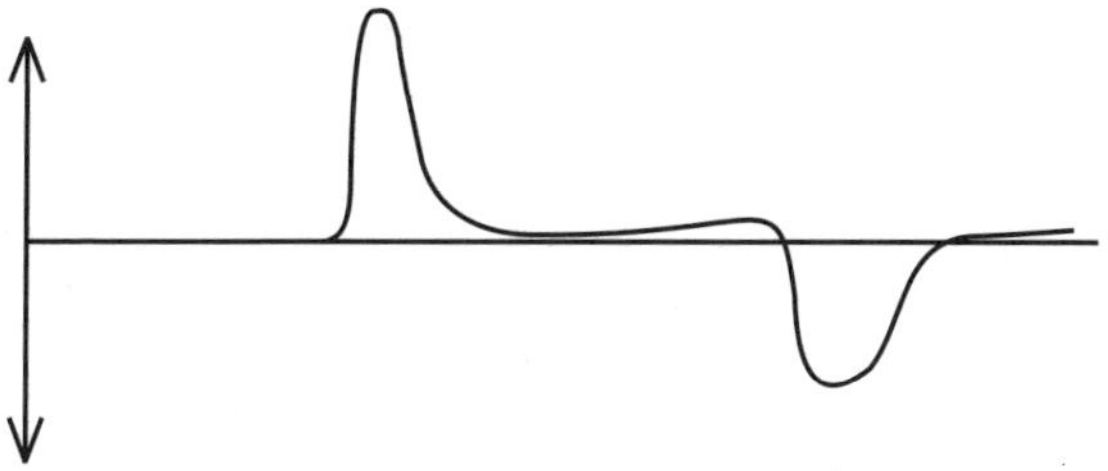

このように感情は、時間や環境によって変化する、無常なものです。

人間の生きがいは、常に前進・向上していないと得られないもののようです。

現代社会は情報が氾濫していますので、自分の生活が毎年・毎年少しでも向上した実感がないと、閉塞感に襲われるようです。自分だけ置いて行かれるような寂しさを感じるのです。現実には十年前から見ればすべて向上しているのですが。

また、我々の生活習慣は急には変えることができません。スポーツにしても習い事にしても、繰り返しの練習によって少しずつ上達します。一気にはできないものです。これを数学では積分という方法で表します。

これと同じように我々の生活習慣（癖）もなかなか変えることはできません。決断と勇気、そして繰り返しの努力によって良い結果が得られるか、悪い結果が出るか、それは本人の心構え次第です。

これは発明のための訓練にも同じことが言えます。日常生活の中で繰り返すことです。感性を磨くにも繰り返しの努力が必要です。

持続が力です、持続が富を作ります。運命はあなたが創造しているのです。

毎日の食事の摂り方や、睡眠時間のとり方という習慣の結果が健康を左右するのと同じように、毎日の生きる心構えで、心を広くも狭くも致します。

自分はどこから来たのか

人間はどこから来てどこへ行く。それは行雲流水の如し。「宋史」には、そのように表現されているようですが、はたして、そんな掴みどころがないものなのでしょうか。

本当は、天上界からこの世に勉強のために留学に来ているのではないですか。永遠の人間の魂の歴史から観ると、一時の、勉強のための地上界への出張なのではないですか。それなのに、その目的を忘れて、その出張先から持って帰れもしない、地上界でのみ価値がある財産のために心乱してはいませんか。そうだとしたら大変です。

自分（心）とは、三次元に存在する原子肉体と高次元に存在する心とが一体になったものです。肉体は物理的・医学的な法則で存在しています。科学的に分析をしますと色々あるようですが、肉体の究極は色々な原子から構成され成り立っています。ですから原子肉体とも言います。

原子肉体というだけでは、生きているのか死んでいるのか区別がつきません。生きているためには自律神経が働いていないといけません。

自律神経とは何でしょう。人間の意志とは無関係に血管や各臓器を支配し、生体機能を自動的に調節する神経となっています。

では神経とは何でしょう。神経とは神の道すじと書きます。人間以外の意志とは誰の意志なのでしょうか。

次に心（命）とは、目的を持って働く意識をいう。また、心のことを医学用語では精神と言います。目的意識を持った心の働きとなっております。

文字から見ますと自律神経も精神（心）も、神様の御意志だということになります。ということは、本能・感情・理性・知性の中心の心は神様に通じていることになります。我々の心の奥には神様の存在があるのです。本当の善なる心は神様と一体だということです。宇宙を創造された神様と本来一体であるということになります。それが宗教の一番大切な教えなのです。究極の悟りは「宇宙即我」なのです。

人間の心は、神様が発せられた光・エネルギーを個性化した意志なのです。

それゆえに人間はすべて「神の子」なのです。日本的にいえば「命・みこと」です。ですから、昔の人たちは、名前の後に「○○命」とつけていたようです。本来のキリスト教の神の子も同じ意味なのですが、今はメシアの子という意味になっているようです。

人間はすべて神様の前では兄弟なのです。それなのになぜ人間同士は争ったり憎しみ合ったりするのでしょう。なぜ戦争をするのでしょう。

もう一度、心の構成を見てみましょう。

本能・感情・理性・知性・感性。この五つがバランスよく調和されていることが大切なのです。ところが、本能と感情は肉体の眼・耳・鼻・舌・身・意の六根の影響を強く受けます。肉体は個々に独立して存在しています。その結果、どうしても自己を保存しようとして自己中心的になりやすいのです。そのために本能や感情が優先しますと、

「自分さえよければ良い」

「自分の会社さえ儲かればよい」

「自分の家庭さえ豊かであればよい」

……となりやすいのです。

そういう人たちが集団になると
「赤信号、みんなで渡れば怖くない」から始まって「多数意見が正義」になり、民族の戦争、国の戦争へとエスカレートして武力の力が法律になって行くのです。

こうした肉体の六根からの情報でできる心は、神様の御意志の「調和と安らぎ」とはかけ離れた心を作ります。これは偽りの心です。

それに対して「調和と安らぎ」の永遠の本物の心を善なる心と申します。神様につながっている心です。

正しい生き方とは、この偽りの心の影響を少なくすることなのです。

人間はどんなに修行しても努力しても無我にはなれないのです。心を無くすることはできないのですが、偽りの心（我）は無くさなければならないのです。

これは無我です。

善なる心で生きれば良いのです。簡単なことなのですが……。
そのことを般若心経では
「無受想行識、無眼耳鼻舌身意」
と表現されています。

人間の魂は天上界から降りて肉体に宿る

まず、この世に生まれて来る前はどこに居たのでしょう。それが分かれば、あなたは苦労しないと思うでしょう。なぜ、分からないようになっているか。

では、逆に考えてみましょう。生まれて来る前のことが全部分かっていたらどうなりますか。

例えば、前世が大きなお城のお姫様であったとしましょう。ところが、今生は貧乏な百姓の小倅《こせがれ》に生まれて来たとしたらどうなります。

前は女性でしたが今度は男性です。それだけでも大変でしょう。体には女性には無かった珍なる［もの］が付いています。その［もの］の取り扱いにも心労することでしょう。

ときにはそれを切除しようと考えることでしょう。現にそういう人たちが話題を提供してくれています。

お姫様のときは、家臣から女中まであなたの自由になりましたが、百姓ではすべて自分でやらなくてはなりません。お姫様のときは好きで奇麗な着物を着て遊んでいればよかったのですが、貧乏な百姓では、ぼろの作業服で野良仕事にでなくてはなりません。そんな過去を全部知っていたら、いまのあなたは一〇〇%、男として働くことができますか。まずは無理でしょう。

前世のことを知っていては自分を変えることが難しいのです。自分の心を広く豊かにするためには心をゼロにして色々体験することなのです。それがこの世に生まれて来た目的なのです。どんな環境にあろうとも今を生きることが、修行なのです。それは自分が選んだ道なのです。

でも「前世の記憶なんて全く思い出せない」と、あなたは反論されると思います。ですが生まれてすぐに「オギャー」と泣き、お腹が空けばまた「ギャーギャー」泣き、オッパイを吸うでしょう?　それは全くの未経験のはずですが、しっかりと行為・行動します。それが前世から知っている意識、潜在意識なのです。

そのように知らず知らずのうちに行動を支配している意識が、生活の中に色々とあります。それと同時にだんだんと成長するに従って個性が出てまいります。同じ家庭で同じ食べ物を食べていても、兄弟はだんだんと個性的になってきます。

普通の大人になりますと、そうした前世意識が一〇%、生まれてから現在までの経験した意識が九〇%という比率になるようです。それが我々の普通の状態の意識です。

よく知恵者と言われる人がおりますが、その知恵とは生まれてから学び経験した記憶から出るものと、前世で経験した「智慧」とがあります。

それに、前世の友達（守護霊）からの良いひらめきと、悪友（悪霊）からの悪いひらめきがあります。後者は俗に悪知恵が働くと言います。それはその通信を受ける方の心の状態で決まります。夜中にお酒を飲んで受けるひらめきは良くなく、気持ち良く起きた朝のひらめきは常に良い建設的なひらめきであります。そのことは経験上、言えます。

そうした過去に経験した智慧を仏教では、「般若の智慧」と呼んでいます。そうした過去世は何代もありますので、そのような智慧を形に表した物を多宝塔といい、三重の塔、五重の塔、六重の塔として目に見えるように造られているのです。これは拝むものではないのです。そうして、何代も人生を経験して、豊かで大きな心になるようにということで、大仏が造られているのです。これも拝むものではないのです。モニュメントなのです。

そのように心の形は肉体の眼では見えませんが、心を開いて霊眼に目覚めた覚者には観えるのです。仏像の後光（オーラ）も同じです。人間にもみな後光（神様の光）が光っているのです。その光の量で死後の生活圏が決まるのです。

天国とはこの光が多い所です。地獄はこの光の無い所ですから、暗くて臭くてじめじめした、蛇やゴキブリが棲みつくような所です。

人間は天国から何回も生まれ変わりながら、この世に人間として生まれて来れたのです。人間は奪ったり闘争したりする動物時代を卒業して、人間に生まれることを許された魂なのです。万物の霊長なのです。ところがいつの間にか昔の癖が出ている人が多いために混乱した世の中になっているのです。それは万物の霊長として正しく生きる法則を忘れてしまった結果なのです。

その法則を正法と言います。それは神様の理なのです。「正法・神理」です。

その「正法・神理」が二〇世紀の日本で如来様によって説かれたのです。

そのことを知ることが魂の幸運の原点であり、幸福への道の第一歩なのです。

死後は一人でどこへ行くのか

いま我々が生きていると実感できるのは肉体があるからでしょう。ですがこの肉体の生命活動が停止しますと、そのときから腐り始めていずれは自然に帰ります。ところがその後の自分（魂）は幽霊か何かよく分からんけど、存在していると考えるのが一般的のようです。現代の日本人は死後の世界や来世、転生輪廻などをどう考えているのでしょうか。一九九三年ＮＨＫの世論調査によりますと、

生まれ変わりを信じる……………一八％
死後の世界を信じる………………三〇％
幽霊を信じる………………………二〇％
悪魔を信じる………………………三％

人間が死んでも死後の世界があり、魂や幽霊が存在すると信じる人たちは約七〇％です。死んだら後は何もないと思っている人たちは約三〇％のようです。この中にはお坊さんも

結構入っておられるのではないですか。この三〇%の人たちのほうが、仏壇とか墓とか戒名にお金をかけているのではないでしょうか。

循環の法則により、人間は天上界と地上界を何回も輪廻転生して現在があるようです。では、死後の世界はどんな所なのでしょうか。それが問題なのです。

まず、人間は一人ではないのです。天上界には魂の兄弟（守護霊）が常に見守っていて、困ったときには霊感を与えてくれます。天国や極楽へ行けるような生き方をしていますと、死後はその兄弟が迎えに来てくれますが、地獄へ直通しますと、その兄弟は遠くから悲しんで見守るだけなのです。

宇宙の法則に「慣性の法則」と「類は類を以て集まる」という法則があります。

「慣性の法則」とは、今の心のままに死後も続くということです。死んでも自分は無くならないのです。そのまま生き通しなのです。そのあとが大変なのです。

「類は類を以て集まる」とは、おなじ心の波動を持った者同士が集まって生活するのです。自分勝手に生きている人ばかりが集まったらどうなりますか。

いま我々が住んでいるこの地上は、善人も悪人も一緒に生活をしていますので大事にはなりませんが、ケンカばかりしている人たちが集まり、一つの村を造っていたらどうでしょうか。平和などまったくないでしょう。同じ人間ばかりだと反省もできません。

その世界を仏教では奈落の底・地獄と言うのです。地獄にも色々な段階があります。一度その集落に入ると、そこから抜け出すのは大変です。価値観が同じ者の集まりですから、どんなに親族が意味の分からないお経を上げてくれても、自分の価値観が変わらなければ出ることが出来ないのです。反省の心が起こらないのです。

そこから出ることができる唯一の方法は「自分は神の子」だったということを思い出して、今までの過去を反省し、神様に対する不孝をお詫びすることなのです。これは、肉体の親に対することと同じです。散々親不孝をしておいて、苦しくて一人で生きて行けなくなったらどうしますか。これは、今までの過去をお詫びして親に謝ることと似ています。

神様はこの宇宙を創造された絶対者です。「すべてのすべて」です。日本人はいつの間にか、それを忘れてしまっているのです。忘れていても生きて行くことができるものですから、いい気になっているのです。ですが、その償いをしなくてはならないときが来ます。そのことを忘れてはいけないのです。自分が行ったことは自分で処理しなければならないという「作用反作用（原因結果）の法則」から逃げることはできないのです。

我々がどんなに神様のことを忘れていても、神様が創られた法則は常に働いております。

我々が想念する心はエネルギーですから、ものを創造する力があります。ものを引き付ける力があります。ですからあなたの環境はあなたが創っているのです。

もし意に反する環境であるならば静かに座し、自分の生きざまを反省すればその原因に気付くでしょう。反省して行いを正せば環境が変わります。摩訶止観です。

精神医学ではこのことを内観治療と言うそうです。よく反省し、今後そのあやまちを二度と犯さないような生活習慣を心掛ければ、心も豊かになり、アイデアも豊富になって幸運に恵まれるでしょう。

生きているときも、心は肉体から離れるときがある

我々の日常生活の中で、心が肉体から離れていることがあります。そのときは寝ているときです。ただ、気付かないだけです。寝ることの目的は肉体の新陳代謝と疲労回復ですが、心の疲労回復も必要です。そのために、心は肉体から離れているのです。

精神的には、寝ているときも死んだときも、意識がありませんが、寝ているときにはまた再び起きることができます。しかし死ぬと、再び起きることができません。

寝ているとき心はどこへ行っているのでしょう。死後の心はどこへ行くのでしょう。これは理論でなく、経験で知ることができます。私の体験を少し述べてみます。

一〇歳の頃でした。布団に入り寝ようとしますと体が震えだしまして、心が肉体から離れるのです。そのとき、母や姉がおどろいて色々手当てをしてくれますが、なかなか治まりません。二～三〇分もすると治まり寝入ります。そんなことが何回もありますと、だんだんと慣れて鴨居あたりから自分の肉体を見ています。そして、母や姉に「大丈夫だよ」と言うのですが、声が出ないのです。そしていつの間にか肉体に戻り寝入りました。そんなことがありましたので、肉体と心とは別なもので肉体が死んでも心は生きているということは実感としてよく理解しておりました。

その頃から、生きているときでも意味の分からないお経を、死んだ人に上げて、なぜ分かるのだろうと不思議でしたから、何人かのお坊さんに聞くのですが、納得のいく答えはありませんでした。中学校の頃は、高校の受験勉強よりお経本に興味を持ち、自分流に解読し始めたものです。

それから二〇歳の頃でした、今度は寝ているときに、意識のままで遊びに出掛けることがありました。肉体がないので行きたいと思えば、どこにでも瞬時に行けました。アルプスを長野側から見たいと思えば見ることもできました。（私の生まれは飛騨高山です）最近、バスツアーで長野路からアルプスの見える所を走っていましたら、アッ同じだあーと声をあげてしまいました。二〇歳のころを思い出したのです。

友達の家にも簡単に行けました。夜ですから戸締まりは厳重ですが、家の中へは自由自在に入ることができます。屋根から天井を通り抜けて部屋に入ることができます。夜なのですが、部屋の様子はすべてよく見えるのです。

後日、その女友達に会って実際どうだったか試してみたかったので、自分が見た彼女の部屋の様子を話しましたら、気持ち悪がってそれから会ってくれなくなりました。

ある意味では透明人間になっていたのですが、良いことばかりではありませんでした。それから四〇年も経っているので、もう一度その彼女に会いたいと思っていましたが、風の便りによれば数年前にあの世に帰られたようです。誠に残念に思っております。

またあるときは、すばらしい天国の様子も見ることができましたが、その日に嫌なことがあって心が汚れているときには、地獄へ落ちて行って恐ろしい思いをしたこともあります。そんな朝は気が重く、疲れが取れておりませんでした。私は目が覚めたときはすぐには起きず、布団の中で夢の反省をしております。

良いこともあります。寝るときその日の出来事を整理し、間違ったことをした場合は反省し、疑問に思っていることや思い出せないことなどについては要点をまとめてから寝ます。朝、布団の中でもう一度その問題を思っていると、その疑問は解けています。私にとって寝ていて学ぶ、朝の〝寝所大学〟なのです。ただ、このときの回答は二度は訪れてくれません。心を集中して、すばやく書き留めておかないと瞬時に消えてしまいます。そのような訳で、寝所大学で学んだことを卒業論文としてこのように発表させてもらっています。

こうして得た回答は二度と思い出せないのが残念なことです。これは多分、前世で体験したことの記憶を思い出したり、天上界の兄弟たちが教えてくれるのでしょう。ですから朝の時間を大切にするために、夜は一〇時頃には寝ることにしています。

そんなあるとき、友達の小林君から戴いた前記般若心経の解説を思い出しながら反復していたのですが、語字の解釈としては部分的には理解しているのですが、全体の意味となると把握できません。あーだろうか、こーだろうかと思案しながら寝つきました。その翌朝でした。その答えが浮かびました。急いで書き上げたのが次の般若心経です。

高島説　般若心経

人間の正しい生き方は
苦楽の両極にはなく中道にあり。
と悟られたお釈迦様は
生まれてから現在までを止観し
深く反省されたところ
心の曇りが晴れて心の眼が開き
過去・現在・未来を見透すことができる
内在された偉大な叡智に到達されたのです。
その偉大な叡智でこの世を観ると
苦しみや災難の原因はすべて
五官による心の歪みがもとであり
五官でとらえられるものはみな無常なのですよ。
分かったかな、皆々様（舎利子）。

天上界とこの世の相違は
高次元と三次元の違いですが
離すことのできない不可分の世界であり
ただ一つの法則によって輪廻し
転生しているのです。
おなじように心と体は一体であり
色心不二・心身一如なのです。
私たちの心の思いが行為として現れ
行為があってまた心に作用するのです。
心と体は相互に作用し合っているのです。
すなわち
色即是空・空即是色なのです。
分かったかな、皆々様。

こうした諸々の法則には諸法無我
人間の知恵で変えることは許されません。
無我の心で従うしかないのです。
宇宙や地球のすべては永遠の神様の心の現れですから
不変で宇宙に遍満しております。
それとおなじように実在の世界である
天上界は精妙なエネルギーの世界であります。
この実在の世界は光明に満ちており
老いることもなく死することもない
すべてのものが豊かで無所得（無料）です。
ですから奪うこともなく争うこともない
永遠の真・善・美の世界です。
では地上ではどのように生きたら良いのでしょう。
まず先祖・両親から肉体を戴いて
育てて戴いたことに感謝し

その報恩を行為で示すことです。
それには心美しく身体を丈夫にし
いつも笑い声のたえない家で
朝起きれば希望に燃えて
昼は自分の役割の仕事に勤勉に
夕は一家団らんの夕食をとり
夜は自由を楽しむ
自己保存・自我我欲の煩悩をすて
調和のとれた日々の生活の中から
己の使命に目覚め
ユートピア建設に励めば
神仏の心と己の心が共鳴して
心は光明の安らぎの世界に入ります。
すなわち
悟りの彼岸に到達できるのであります。

これがお釈迦様の心と行為の教えです。

一九九七年一〇月一〇日啓示

これは一つの出来事ですが、五五歳頃から、寝ているときでなく働いているときに自分の過去世の意識が、現在意識の中に大量に混入してくるようになりました。

脳と心の関係

肉体から心が抜け出しますなんていいますと、どなたにも信じていただけないでしょうが、これは事実なのです。もし、これが事実でないとしたら、私は狂人として病院へ入院しなくてはなりません。

では肉体と心が別な物だとすると、どのような関わりを持っているのでしょう。

頭の中にある脳細胞は、各五官からの情報を整理してデジタル化（＋－）して脳波として発信しております。心は高次元にあって、その脳波を受信して判断・想念しながら記憶したりします。もし、行動する必要がある場合は、心より指令の電波が発信されます。脳はそれを受信して、必要な器官や筋肉を動かすようになっています。

前世から今生までの、生まれてから現在までのすべての記憶は高次元の心にされており ます。どんなに忘れたといっても確実に記憶されています。想いはエネルギーですから不滅なのです。脳の働きは三次元と高次元とを結ぶ電波塔の働きと、自律神経として自動制御(コンピュータ)の働きをしているようです。その能力が劣ることを老化といい、配線が切れたりショートしたりすることをボケというようです。

本来は、心と肉体の連携はうまくいっているのです。このことを般若心経では色即是空といい、心と肉体が相互に影響し合っています、と説かれてあるのです。

我々の心・意識の状態は、今生の意識が九〇%、過去世の潜在意識が一〇%というのが正常な状態のようですが、それが私の場合は逆転して潜在意識が九〇%になってしまうこともあるのです。そうなっていても、ふと我にかえると正常に戻るのですが、一度戻らなくなってしまったことがあります。

それは五九歳の七月一九日に、意識の比率が逆転したままになってしまったのです。

変な記憶喪失――過去世の意識が表面意識になる

お世話になっていた中村社長の会社内での出来事でした。

朝の打ち合わせが終わり、さあ、営業に出かけようとして手帳を見たのですが、今日は何日かが分からないのです。机の前の佐々木さんに「今日は何日でしたか」と聞いたのですが手帳を見ているうちに分からなくなってしまうのです。それでまた聞くのですが、同じように分からなくなってしまうのです。そんなことを五回も聞いたようです。

それでも外へでも出れば思い出すだろうと外出したのですが、外の景色も見覚えが無いのです。それでも少し歩いてみようと思い、歩いてみるのですが、どこへ行く道かが分からないし、歩いた後ろの道も記憶から消えて行くのです。そんなことを二時間ほど繰り返していたようです。

たまりかねた佐々木さんは私の住居まで連れて帰ってくださいました。会社から住居までの二百メートル位の道程が記憶にないのです。まったく分からないのです。

そのときは、家族と食べ物の記憶はありましたが、それ以外の約九〇%の意識は前世の意識でした。その潜在意識は、私の前世であろう鎌倉時代の楽しい思い出の意識のようでした。そんな状態が二日ほど続きましたが、その後は正常になりました。

そんな状態でしたから、妻が病院へ連れて行ってくれて、脳の断面の写真（ＭＲＩ）を何枚も撮ってくれましたが、検査の結果はどこにも異常が見当たりませんでした。担当の先生は「こんなことは医学的に例がない」と不思議としか言いようがないようでしたが現実の事実でした。

そんなことがまた起こると大変だからということで家族会議の結果、会社を辞めさせてもらうことにしました。そして、何か自由な仕事でもやれるようにと、子供たちがカンパして二百万円を貸してくれたので、九月より自営で仕事を始めたのです。

そのとき理性では、翌年の三月まで勤めて、四月から自営業でも始めれば、年金も貰えるからそれからのほうが良いと思いましたが、何かがそれを許してくれませんでした。今まで新しい仕事や転居は春に行うことが多かったのですが、今回は秋から始めなくてはならなくなりました。それが良かったようです。

なぜか考えてみました。私は農家で生まれ育ちましたので、お米を考えの基本にしております。お米は秋に穫（誕生）れます。それから四ヶ月冬眠します。春になって種蒔きがされますが、それからが活動の季節です。どんどん成長して、夏から秋にかけて実ります。

そしてまた春が来るまで静かに寝ています。春穫れる麦はこの逆です。夏は寝ています。これが自然の波動だったのです。

私は春生まれですから、新しいことは秋から始めることが良いことが分かりました。今回、偶然にも秋から自立せざるを得ないように、何か不思議な大きな力に導かれていたのです。それからその事実が正しいことを知りました。人間にも誕生日を中心とした四季があるのです。

七転び八起きを現実に生きて、多くのことを学びました。これが私の望んで書いた人生劇場の台本であったのかと思うと、過ぎ去った過去にも意義を見いだすと同時に、多くの方々に迷惑をかけたことを深くお詫び致したい気持ちです。

お詫びをしに皆様にお会いしたいのですが、両親や兄弟や妻を始め、多くの方々がすでにあの世へお帰りになっております。あの世へ行かないとお詫びができないのですが、それまでただ待っている訳にも参りません。

いま、私にできることは、今までに知り得たことを皆様にお伝えすることです。それが我が使命と思っております。

こうした行為がお世話になった方々への供養になれば、これからの生き甲斐になります。

そんな思いが、文章には強烈な劣等感を持っていた暗い心の扉を開きました。よろしくご判読ください。

どんなに物質文明が進歩しようと
どんなに毎日の食事が贅沢になろうと
それに比例した健全な精神と
豊かな安らぎのある家庭がないと
幸福な人生は訪れない。
神仏の心と家族の心が共鳴した家庭には
天から黄金の光がさしこみます
そんな家庭が多くなることによって
光明の輪が世界へと広がるのでございます。

第4章　明るい家庭が幸運の原点です

日本の建国当時の物の見方・考え方

日本の建国は、西暦紀元前六六〇年二月一一日です。今から二六六二年前です。初代天皇は神武天皇です。この神武天皇は如来界の方で、如来様（メシア、ブッダ）です。戦前までは、天皇様を神様のように拝まされていましたが、決して現人神《あらひとがみ》（神様）ではないのです。昭和天皇様は、菩薩界の方のようです。

では神様とはどなたでしょう。

日本神話では、天之御中主神《あめのみなかぬしのかみ》様です。この神様が宇宙創造の神です。宇宙のすべてを創られた神様です。三次元の地球（惑星）、月（衛星）や太陽（恒星）、それに銀河（星雲）を神様のご意志で創られ、四次元以上の天上界のエネルギー（光）や宇宙の法則を愛と慈悲の心でお創りになったのです。

こうした考え方が日本の建国のもとになっております。この考えを口伝えるために、誰にでも分かりやすい物語にしてあるのが「日本神話」です。やさしい物語であってもとても深い意味を持っております。

そのことを良く理解せずに、二六六〇余年の建国の歴史のある日本に産んで育てて戴いたことに、誇りを持たない教育者が多いのに驚きます。

いずれ世界は一つの国になりますが、まだ今のままでは一つになることはできません。その大きな障害にイデオロギーと宗教の違いがあります。

世界の宗教の多くはメシア信仰です。神と崇めておりますヤーベ、エホバ、アラー様は如来界の最上部の仏様の別名のようです。それを民族が自分たちの都合の良いように教えを曲げて利用しております。この大宇宙を創られた神様はすべての民族や人間に平等に愛と慈悲の心で慈しんでおられます。ですから、聖戦などあるわけがございません。

世界を統合できるという考えとそれに相応しい宗教観を持っている民族、それが大和民族、すなわち日本民族なのです。そのため、常に天上界から守られていたから、二六六〇余年も同じ国体を維持できたのです。いま我々は、そのことを良く理解し自覚するときではないでしょうか。日本に生まれて育ち長く住んでおりますと、平和すぎて、そのことに気が付かないのでしょう。

戦前に来日された物理学者のアインシュタイン博士が、日本国民に対し新聞を通じて次のようなメッセージを贈られております。

「近代日本の発達史ほど、世界を驚かせたものは外にない。この驚異的発展は他の国と相違なる何物かがなくてはならないと思っていた。が、果たせるかな、この国の三千年の歴史がそれであった。この長い歴史を通じ、一系の天皇をいただいたという比類のない国体を保有することが、日本を今日あらしめたのであった。

私はいつも、世界のどこか一ヶ所ぐらいは、このような貴い国がなくてはならないと考えていた。なぜなら、世界の将来は、進むだけ進み、その間いくたびか争いがくりかえされ、最後にきっと戦いに疲れるときが来るだろう。そのとき人類は、必ず真の平和を求め、世界の盟主をあげなければならぬときが来る。

この世界の盟主なるものは、武力ではなく、あらゆる国の歴史を超越した、最も古く、且つ、貴い国体の国でなくてはならない。

世界の文化はアジアに始まってアジアに帰る。それはアジアの最高峰、日本に立ち戻らねばならない。

我々は神に感謝する。我々に日本という尊い国を作っておいてくれたことを……」

我々日本人は、自分のことだけでなく世界の平和について深く考える必要があるようです。そのためには、日本の国が誕生して現在までの歴史を正しく認識して世界に働きかける必要があります。世界が平和でないと、わが家の平和は考えられないのです。

家庭は国家の最小単位

物質の最小単位は原子であります。その原子は、陽子と中性子と電子から構成されております。同じように国家の最小単位は家庭です。そして、その中心は男女夫婦から成り立っております。その夫婦のいとなみによって子孫が繁栄しております。それらの家庭が社会を形成しております。その家庭の善し悪しが、国の善し悪しに影響します。

夫婦を中心とした家庭が、国や社会の原点になるわけです。

物質は、すべての電子と陽子の調和によって安定して存在しているように、夫婦も男女の調和によって安定した家庭を営むことができます。電子と陽子は、陰と陽の相反した電荷の特性を持っておりますが、互いに役割を認め合うことにより、永遠に調和した姿を保っております。男女の関係も同じです。

古事記では、それを「成り成りて成り合わざる所」と「成り成りて成り余る所」と表現してあります。

女性の場合は、成り合わざる所に陰の特性を秘めて隠してあります。そのために形容できませんので、未婚の女性を「姫《ひめ》」と呼びます。または「娘（産霊女）」と呼びます。その娘さんが結婚しますと、神様の命を奥深く宿しますので「奥さん」と呼び方が変わります。こうした考え方が日本の信仰の原点になっておりますから、神社の形状は女性の神秘な部分を模しております。

そして奥さんからより神格化して「おカミさん」とお呼び致します。おカミさんは家庭にとって、すべてを包む豊かな心が求められます。すべてを包みこむ袋のようですから、別名「おふくろ」なのです。そのおカミさんや国のお「カミ（政府や役人）」が狂うと大変です。今の国情はどうでしょう。

男性の場合は、個性を持った成り余まれる所は身体からあらわに飛び出ておりますので、形がありますから色々な形容ができます。

それを日本語的に解釈すると、男性はアイウエオの夕行でよく表しております。

タ…タタ様、宮中言葉では父親を「おター様」と呼ばれているようです。

チ…チチ親、一般的には父親。
ツ…ツッ様。（つっつぁま）
テ…テテ親。
ト…トト様、おとうさま。
タ行は力強さを表現しております。
こんな風な見方を言霊《ことだま》と言うようです。

夫婦は宇宙創造の原理の顕現

男女の関係を古事記では次のように表現されております。
結婚した二人が子供をつくる会話の中で
伊邪那美命（妻）が「あなにやし、えをとこを」と言って夫婦のいとなみを行った結果、生まれた子供は、水蛭子《ひるこ》でした。これは大変だと思い、神様にお伺いしたところ「女人先に言へるは良からず」と注意されたので、こんどは伊邪那岐命（夫）が先に「あなにやし、えをとめを」と言って夫婦のいとなみを行った結果、すばらしい子供が生まれた。このように書いてあります。

アダムとイブ（エバ）の物語も同じような意味です。

結婚の意義は陰陽・男女の調和にあるようです。男女の調和とは仲良くすることですが、役割の違いがありますので、その役割には柔順でなくてはならないようです。

古代の日本では男女は同権でしたし、職業の選択は自由でした。

ヒミコの時代はすべての大臣は女性でしたがうまく行かなくて、順次男性に任せるようになったようです。それから自然に男性が主で女性が従になったようです。

夫婦の約束と出会い

結婚は偶然に出会って成されるように思えますが、真実はどうなんでしょうね。偶然の出会いで結婚するのであったら、離婚も気ままで良いのでしょうが、もし、この世に生まれてくるとき、神仏の前で誓って約束して来ているとしたら、簡単には離婚できないでしょう。夫婦は縁《えにし》の結びつきと言います。赤い糸で結んでこの世に生まれて来るようです。

宇宙の原理・法則は夫婦や家庭の行為まで働いているようです。

類は類を以て集まるという「波動共鳴の法則」のもとに、不思議な力で引き合って、何となく出会い、熱烈に結ばれる。そう思っていたところが、実際はそれが必然な出会いであり、計画どおりの結婚だとしたら驚きですね。

次は、この世へ出生する前、地上生活の計画についての打ち合わせです。

「あの世（地上）へ無事生まれて大人になったら、私と結婚してください」

「ハイ、わあーうれしいな、よろしくお願いいたします、前のときのように優しくしてくださいね」

「今回僕は、○○地に所帯を持たれる予定の、このような親にお願いしております。私は前世では、役人でしたが、自尊心と慢心ばかり強くなり過ぎて自己中心的になり、人の立場になって考えるという豊かな心が養えなかったので、こんどの仕事は、自ら努力しないと生きられない自営業という環境で人生を学ぶことにしました」

「そうですか、それはいいことですね。

私も前回はおかげさまで優雅な生活をさせていただきましたが、少しも勉強になりませんでしたので、今度は農家に育って自然との調和をよく学びたいと思います。また、お互いに力を合わせて頑張りましょう。わあー楽しみだわ」

「出会いは○○頃、こんな場所ではどうでしょうか。

そのときはこんな格好をしているでしょう」

「私はこんどもこんな友達と一緒になりますので、いつも一緒にいると思いますから、あなたから声をかけてください」

こんなふうにあの世で約束して、この世で結ばれるのです。

ところが、次のように断られることもあります。

「あの世に出たら、私と結婚してください」

「なにさ、前は約束と違い、さんざん苦しめておいて、あげくのはてに三下り半（離婚）をくれたくせに。御免だわ」

このようなことになりますと、なかなか結婚相手が見つからなくなります。お互いの前世の生きざまはすべてオープンになっておりますので隠し事はできません。それともう一つ大事なことは、この世に生まれてくるためには産んで育ててくれる親にお願いしなくてはならないということです。

「今度、私も日本に生まれることが許可になりました。

つきましては、今度もまた親になって戴きたいのですが」

「いやー、まいった、まいった。

前世のおまえの親不孝には、私たちも心痛めました。今回はご遠慮します。どうぞ外の方に頼んでください」

と言われても同じ時期に日本に生まれ出る方々は多くの魂と約束をしておられますので、そこへ割り込むのは難しい。また、天上界ではその魂の前世の生きざまはすべてオープンになっていますから、どなたにも分かっています。快く引き受けてくれる方はなかなかいないでしょう。このようになりますと、この世に生まれたくても生まれることができません。

これが現実だとしたら、あなたはどうしますか。

日本の家族制度の変遷

ヒミコ時代の頃は、女性が中心でしたから、家族の中心も母親でした。いわゆる、母系家族だったのです。その頃の夫の住む家は別な所で、そこから通っていたのではないかと思われます。通い妻ならぬ「通い夫」です。

それのなごりとして「夜ばい」の風習があるのでしょう。その頃の妻が住む家を母屋と呼んでいました。その頃からでしょう、結婚した男女を妻夫《めおと》と呼ぶようになったのは。

ヒミコ時代の歴史は不明です。その時代は次のようなものだと推測します。

ヒミコ姫にはお子さんはありましたが生涯独身だったでしょう。自我意識が強く、勝ち気でしたから男性に従うことは出来ず、大臣もすべて女性を登用して女性独裁の内閣を作られたのです。

ところが女性ばかりですと、大和と協調性と融通性に欠けますので、色々な問題が処理できず内部崩壊したのでしょう。決して女性が政治家として相応しくないと言っているのではございません。政治も男女協調することが大事なのです。といって、男性ばかりでも極端に片寄りますからいけません。

そんな経過を経て、家庭内での男性の地位も向上してきて、近代になり、男性中心の家族制度へと変遷してきたのでしょう。そして母屋の大黒柱として、一家の大黒柱として夫が住みつくようになり、夫唱婦随が理想の夫婦像になりました。

いつの世も、洋の東西・男女を問わず、浮気は昔からの悩みの種です。

人類最初の商売は売春といわれておりますが、男性が猟や戦争に出掛けている間に色々問題が起きる。そのために西洋では貞操帯が発達し、その副産物として鍵の技術が進みましたが、それより女性の知恵がまさり、簡単に、〝ピッキング〟が行われていたようです。日本でも、いくたびの内乱がありましたから、その悩みはあったのでしょう。一説によりますと、西洋の貞操帯の鍵の代わりに紐の結び目を複雑にしておいて、一度解くと二度と結べないようにしていたようです。

その結び方は父親から息子へ息子から孫へと秘伝したようです。その結び目を図案化したものが紋なのだそうです。そういえば、紋は夫婦は別々ですし、父親の紋は息子へ、母親の紋は娘へ引き継がれますので、この説には説得力があります。それに結婚のときの約束の儀式を結納といいますね。

現代の「結い」は一族や集落の結び合いを言うようです。世界遺産の白川郷の屋根葺きに、その風習がいまでも残っています。

結いとは、お互いに助け合う相互扶助の精神です。お金でやり取りせずに、時間を超えてのギブ・アンド・テイクです。昔、誰々の家で何人、何日、手伝ってもらったから今度も同じように手伝いに出なければ、という風習です。これは屋根葺きだけでなく色々な祝い事、法事、災難、新築など、すべてにおいての村ごとの相互扶助の風習です。

ですがその村で何か不始末を起こしますと村八分ということになります。「村八分」とは、八つの事柄はボイコットするけど、残りの二つの事柄については例外的に相互で面倒を見るということです。その二つとは、死者が出た場合と、火災に遭った場合です。これも日本の風習の特徴ではないでしょうか。

そんな風にして助け合って現在まできましたが、最近は保険制度の完備でその必要が少なくなり、人と人の結び付きも希薄になりつつあります。

家族制度も同じ運命でしょうか。都会では核家族化が進んでいます。なんだか今のまま進むと主従が逆転した時代に逆戻りするのではないかとさえ思ってしまいます。

家庭は、国家の原点です。国家の平和は家庭の繁栄の基盤の上にあります。

家庭が破壊すれば国家も世界も、平和ではあり得ないのです。

神様と心を一つにするお祭り

日本の各地のお祭りには色んな形があります。

共通性を探すのが大変なくらいです。火祭りから裸祭り、どろんこ祭りからきらびやかな祇園祭まで、各地の特徴を出した祭りが年々行われておりますが、共通しているのはどれも、町ぐるみのリクリエーションであることでしょう。

本来のまつりごと（政治）とは、人間と社会の営みが神意にかなっているかどうか、の反省と確認、そしていつも変わらぬ神の恵みへの感謝の行事だったはずです。今の政治にはそれが無くなっているために、国会が伏魔殿のようになっているのでしょう。

本来、日本の信仰の対象物は宇宙を創られた神様ですが、その神様は形に表すことができません。高次元の神様を、この三次元の地上で拝見することはできないのです。古代人は、神様の慈悲の象徴的な働きをしております太陽を、この世の具体的な神様として、「天照大神」として崇めております。それが太陽信仰なのです。ところが人間はどうしても身近に拝む対象物を求めます。それで丸い鏡を太陽に見立てたのでしょう。鏡に太陽の光が当たりますと、そこに太陽があるように錯覚します。

そのようにして、鏡を中心とした社《やしろ》が出来たものと思います。

それではどんな形の社が良いか――。色々議論されたのでしょう。

結論は、神様は光であり命であるから、人間の命が誕生する所が神の宿る所だとしたの

鳥居を抜けると参道が続く神社。

です。

それは女性の秘たるところです。

具体的に言えば、鳥居は女性が大の字になって立っている象形のようです。そこをくぐり抜けると参道（産道）があります。その参道には長い階段と深い森がある場合が多いのです。これも興味深いですね。その参道を過ぎて奥の院に進みますと、観音開きの前に金の鈴と太くて長い紐がぶら下がっております。この紐を振って金の鈴を鳴らすと願い事が叶う、ということになっています。

その小さなお宮（子宮）の観音開きを開けますと、そこにはご神体が祀ってあります。ご神体とは何でしょう。このご神体は各町や村によって違うようですが、共通性はあるようです。こうした神社は、たいがい小高い丘か山に造られました。それで奥さんのことを「山の神」とも呼ぶようになったのでしょう。

男性にとって女性は畏れ多い存在であることは今も昔も変わりないのです。

古代の人たちは男女の交わりを神聖な聖事とみていたようです。そのことにより、神の命が誕生するのですから当然でしょう。ですから名前の最後に命（神子人《みこと》）と付けて呼んでいたようです。

これが古代日本人の信仰の原型です。

これを現代的に言えば、すべての人間は「神の子」ですと互いに敬っていたのです。

自然を神様の体として、神殿として敬い崇め大切にする。

このような信仰心が世界の人々に普及すれば戦争は無くなるでしょう。

自然のすべてを神殿と観る信仰

日本の信仰の原点は「山川草木悉皆《しっかい》是成仏」に代表されます。

すべての自然はみな神仏です、と考えていたのです。現代の仏教では、人間が死ねばみな成仏すると説かれておりますが、簡単に仏様になれる訳ではないのです。何万回の輪廻転生を正しく生きてきた如来界の代表を勤められる方を、仏様とお呼びするのです。

仏様は、宇宙創造の神様からすべての権限を相続された地球の代表者ですから、常に神様と一体です。ですから神仏とお呼びするのです。インドではブッダ、中国では仏陀です。その仏様（仏陀）の教えが仏教です。お釈迦様の教えが仏教なのです。

お釈迦様の教えは、人間の正しい生き方の教えです。死者を供養する教えではないのです。正しい生き方をしないと天国・極楽へは行くことができないのです。間違った生き方をすれば地獄へ落ちなければならないのです。そこは苦しみだけの世界です。

山川草木悉皆成仏の成仏とは、自然は神様の体の意味を指しております。ですから、八百万神様として、地上のあらゆるものを崇めているのです。

日本民族は、宇宙は神様のお体であって地球も神様の細胞の一部と把握していたのです。ですから人間の作った偶像を崇めるのではなく太陽や自然を拝んでいたのです。そして正しく政治《まつりごと》をするための場所として神社を造って、そこに皆が集まり、政治の行事を行っていたのです。その名残が今各地にあるお祭りです。

これが古代日本の信仰だったのですが、現在の日本の宗教は、人間の作ったご本尊を拝むものになってしまっています。そのご本尊も各宗教法人ごとにあるのですから十八万余あることになります。

二〇世紀はお金中心の流れでしたか、二一世紀の流れは変わります。

宗教は科学をリードする

科学とは「体系的であり、経験的に実証可能な知識」と広辞苑には書いてあります。今から少し前までは、地球は動かずに太陽が回っているという、天動説が正しかったのです。それから天文学による解明により、太陽が動かず地球が太陽の周りを回っているという、地動説をコペルニクスが発表しました。

今はこの地動説が正しいとされております。ところが日本神話では、地球を自転島《おのころじま》と表現しております。

しかし、我々の生活の実感として、朝は太陽が東から昇り、夕べには西に沈む。この天動説でなければ生活できないでしょう。詩も詠われないでしょう。

ところが科学的に宇宙を解明しようとすれば、コペルニクスのような地動説でなければ不可能でしょう。

自分（地球）中心でものを見ますと天が動いておりますが、客観的に見ますと自分が動いている。観点が違うと一つのものでも二つの見方ができる。

一つの現象を正しく確認するためには二つ以上の観点から見ないと正確にものを把握で

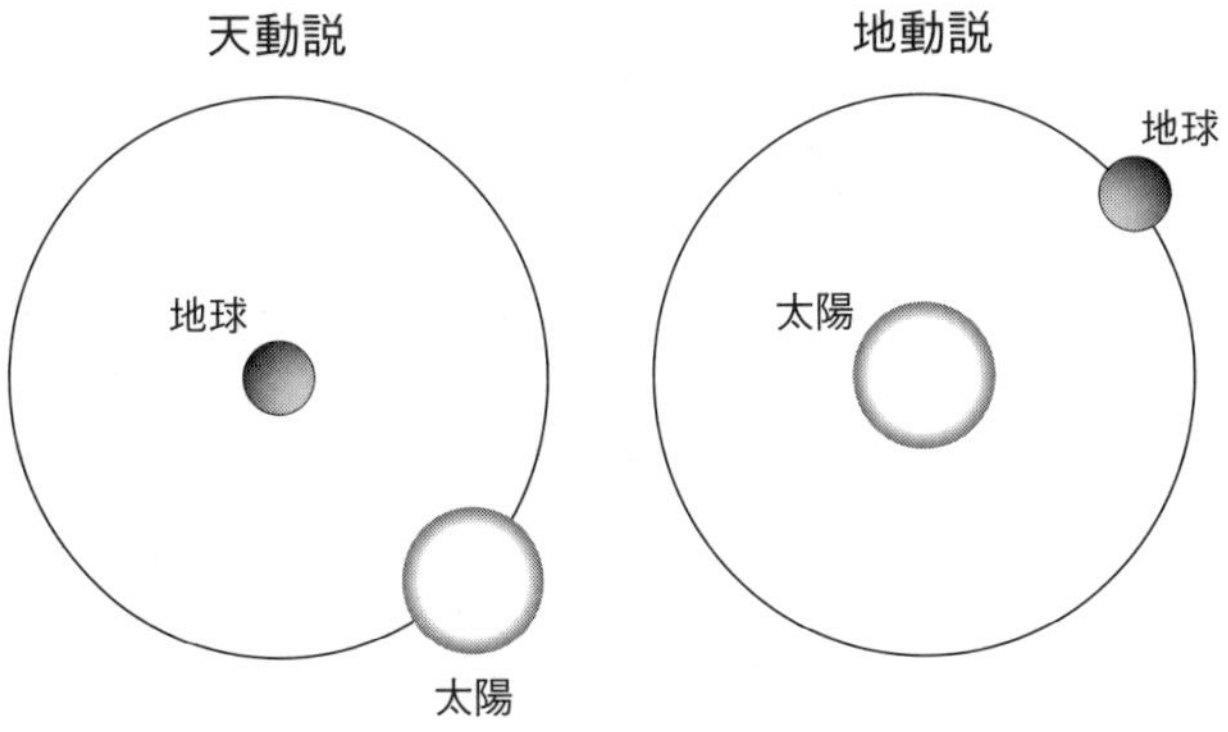

太陽と地球の関係のとらえ方。

きない。私がこの考え方を新商品の開発に取り入れたところ、新しい測定方法が発見できて特許を取れました。そのときはまだ二六歳でしたが、その発明が大変有用な発明として称賛され、その業界の最高の章を受賞しました。

それ以後この考え方をマルチ方式と自分では呼び、その後も数々の工業用の測定器の発明考案に役立ちました。これも宗教的思索の賜物でした。

人間の体（肉体）と心を別々に見ながら一つの自分として観る。心は、本能と感情と理性と知性と智慧の五つに分類して観る。本能と感情という心は、ころころ変わる。

理性が多すぎては冷たくなる。知識（知性）が多くなると取り越し苦労が多くなり、生活が複雑になる。智慧が多くなると取り越し苦労が要らぬ。

そんな心の集まりが自分なのである。さりとて自分が存在している限り、無我にはなれない。心は無くせない。

科学が進んで物質は原子の集合体であることが判明した。

原子はプラスの陽子とマイナスの電子と、それに中性子の組み合わせで出来ている。

プラスとマイナス、それは電気的エネルギーであります。そのエネルギーは不滅であるとアインシュタイン博士が証明されました。「質量不変の法則」です。これはすごいことだと感心しておりましたが、お釈迦様が説かれた「般若心経」には、天上界であります四次元以上の世界は「不生不滅」「不増不滅」ですと説かれております。

働きを成す能力、それがエネルギーであり心なのです。それは三次元の存在ではなく高次元の存在であり、それは眼には見えないので「空中無色」と説かれております。

その原子のエネルギーの塊であります物質には、どのぐらいのエネルギーがあるかと言えば、

質量×C（光速）×C（光速）

という、とてつもないエネルギーだそうです。

では、一gの物質の総エネルギーはどのぐらいか、例えば、百馬力の自動車を一日八時

間走らせても百年間走ることができるエネルギー量なのです。

たった一gでですよ。すごいですねえ。そのエネルギーを殺人と破壊に利用したのが原子爆弾なのです。

この偉大なエネルギーはどうして存在するのでしょう。誰が創ったのでしょう。

科学はその点には言及しておりません。まず、そこにありき、から始まります。

宗教は、宇宙を示す教えと書きます。

宗教は宇宙創造から始まります。日本神話では、この大宇宙はエネルギーの海であって、神様の意志の「天のぬぼこ」で渦巻きを作るのが宇宙創造です。（星雲から原子までエネルギーの渦巻きです）

般若心経ではその大宇宙を「空《くう》（永遠の存在）」と表現しています。

その永遠の存在である高次元のエネルギー（光）を不滅と証明されたアインシュタイン博士が、日本には世界の中心の国として働くという使命があるとメッセージされているのです。

その使命がある日本が、バブル（あぶく銭）の後遺症でいつまでも血迷っていて良いものでしょうか。おカミ（役人や政治家）が狂っているときには、国民がしっかりしないと国が滅びます。まず、われわれ国民が日本の使命を自覚し、明るい家庭を作りながら、一人一人、手を取り合ってユートピア運動を起こし国を動かしましょう。

最近、革新知事や市長が地方から国を動かそうとしておられますが、我々も国民大衆の側から国を動かす必要があります。

日本の古代信仰、これが世界を統一できる宗教

建国のときから理想的な信仰を持つ日本が世界の国々を救うことのできる世界で唯一の国であることを物理学者のアインシュタイン博士がメッセージされました。このように、地上のすべてのものを神様の体の一部として、山川草木を神殿として宇宙を創造された神様を崇める正しい信仰でなければ、世界の人類は、すべて兄弟として仲良く生活できる統一された国家として、一つになることは不可能です。

二〇世紀はイデオロギーの対立による戦争が主でしたが、最近は宗教、人種、民族の対立が大きな要因になっているようです。その延長としての西欧文明とイスラム文明の衝突であり、破壊合戦であるようです。

キリスト教、イスラム教、ユダヤ教の争いは根が深い。

そうした民族を正しい宗教観に導くことが出来る民族が日本民族なのですと、アインシュタイン博士は述べておられるのです。世界平和のためにも日本民族は自信を持たなければならないのです。

それにもう一つ、日本には大事な役割と使命があるのです。

日本の建国は、如来であらせられます神武天皇によって行われました。ですから国体も信仰も理想的な形態をとっております。それゆえに、地球の中心的な国の働きをしなくてはならないのです。

そのために二六六〇余年、天上界の守りによって連綿と国体が維持されたのです。いよいよその仕上げとして日本に、如来様が降臨されています。まだ、その如来様は中学校で学んでおられます。いずれ高校から大学へと進まれて時が熟せば立ち上がられます。

そのとき、心ある同志は駆けつけましょう。

如来降臨・ユートピア建設始まる

あと五・六年しますと、若き獅子の救世主であります如来様が、世界に向けて立ち上がられます。

日本がそのような国になることを、お釈迦様が涅槃にお入りになるときに予言しておられます。その頃はまだ日本という名前ではありませんでしたから、ジブドゥバー・ケントマティ（東の輝ける国）と表現されているようです。

読者の皆様もそのことを知っていて、今この時期に日本へお生まれになったのです。そのために、天上界では日本へ生まれる希望者が多くて競争率が大変であったことを思い出してください。一億円の宝くじを当てるより大変でした。そのことを忘れてしまって、浮世に流されていてはいけません。宗教を利用して金儲けしているときではない。

時は今です。

皆様、そのことを思い出してください。

神仏の国ユートピア建設が始まったのです。

そのユートピア建設に参加する資格は

第一は、健全な身体
第二は、健全な精神
第三は、明るい豊かな家庭
第四は、協調心
第五は、行動力

これらが充実した者です。
世界平和のために先頭に立たれる如来様を経済的に応援し
如来様の説かれる道に学び、
我が家と国家と世界の光明化のお役に立とうではございませんか。
如来のお役にたてる光栄は
魂にとって最高に幸運なことです。
神様の日の出ずる国、日のもとは日本です。
神様の光は極東の日本から燃え上がり
全世界へと広がるのです。
それが二六六二年前からの天上界のご計画でございます。

第5章　自然から学ぶ

日本の古里・飛騨の国へ

二〇〇一年の夏は異常気象のようでした。

東京地方は体温より高い三八度以上になることが数回もありました。近くの都市では四〇度を越える所もあったようです。体温より気温のほうが高いと体温の調節ができないようで、家の中にいても熱中症になり死ぬ人もあるようです。そんな暑い所で生活していると、ただ座っているだけでも心も体も狂ってきます。

これも地球温暖化の影響だとすれば、その原因は人間が作ったのだということになります。石油やガソリン等の燃焼によって二酸化炭素（CO_2）をどんどん出していればそうなることは分かっていても、経済優先・お金優先の現代ではそれを止めることはむつかしいようです。そんなことは自分の家庭や環境には関係ないと思っている人や国が多いので、対策も難しいのでしょう。

そんな東京を後に三～四時間、高速道路で松本から安曇野、奥飛騨へと旅に出ました。安曇野に入ると、一面の田では稲穂が白い花をつけ、太陽をいっぱいに浴びています。リンゴ畑を通り過ぎてしばらくすると梓川と出会います。その川沿いの一本道が深い山並みを縫うように数え切れないほどのトンネルを進みます。山肌はだんだんと迫りきて厳しさを増し、その姿は峻厳で雄々しく見えますが、いつ行っても悠然と迎えてくれるのがうれしい。

谷間には澄んだ水がサラサラと流れ、空はどこまでも青く、白雲は空と山とをより美しく演出してくれています。その途中に左折すれば野麦峠方面に抜ける所がありますが、それを直進して一〇分ほど走ると、上高地方面と長野・岐阜県境の安房峠とに分かれる所に出ます。

それを安房峠方面へと進むと新しくできた安房トンネルに入ります。このトンネルは火山帯を貫通させる難工事で一八年もかかった全長四三七〇m、九七年に開通した有料のトンネルです。（通行料七五〇〇円）

国境のその長いトンネルを抜けると、そこが飛騨の国です。

料金所を出るとすぐ信号機のある交差点に出ます。それを直進すると神岡方面に行きます。神が遊ばれる岡という名の神岡には、東京大学宇宙線研究所のスーパーカミオカンデが地下千メートルの鉱山跡地にあります。ここで宇宙から飛来するニュートリノ素粒子を、一万一千個ぐらいの光センサーを使って観測しております。

先程の信号を左折しますと白樺の木が絵のように美しい所にキャンプ場があります。その中央を流れている水の川上には、水量の多い平湯《ひらゆ》大滝があります。六五メートルぐらいの落差があって、マイナス・イオンが豊富ですから、空気がたまらなく美味しいところです。

そのキャンプ場を通り越すと平湯トンネルに入ります。このトンネルは一般国道ですから無料ですが、結構長いトンネルです。そのトンネルを出るとすぐに左折できる所がありますが、そこからが乗鞍岳への道です。少し登って行くと、乗鞍スカイラインの入り口に到着します。このスカイラインは有料です。

乗鞍岳は三〇二六ｍですが、頂上の手前には鶴のような形の池、「鶴が池」があり、その近くにドライブインがあります。そのドライブイン（無料）に車を置いて、近くの峰に登ると、そこからは各アルプスを始め、白山連峰、木曽の御嶽山を眼下に見ることができるという、視界が三六〇度の展望が楽しめます。夏には、畳平《たたみだいら》は可憐な高山植物の花でいっぱいになります。

そんな山々を見渡しながら山の裾野のほうに眼を下ろしていきますと、幾つかの小さな盆地が見えます。それが飛騨の国です。

飛騨高山の町並み。

その中心が飛騨高山（高山市）です。飛騨の国は昔の面影を今も残しておりますので、日本の古里のように言われるようになりましたが、私にとっては生まれた所なのです。

飛騨の国は大きな山に囲まれ、都会から離れた僻地です。大昔（七〇〇年前）の税制下、金の無い飛騨だけは人材を派遣することで税金の代わりにしていました。その人たちが頑固で一途に大工仕事に打ち込むために、いつしか飛騨の匠《たくみ》と言われるようになったのです。

徳川時代には金山があり材木が豊富なために天領になっておりましたが、庶民は貧乏を強いられておりましたから、農民の一揆（大原騒動など）も派手に行われました。

天領であるために、全国から商人が集まり色々な文化を持ち込みましたが、飛騨の大自然が飛騨人の気質を育てたのでしょう。正直で頑固なために戦国時代から、徳川時代、明治維新を経て現代まで、都会の人たちに好き勝手な行動をされてもそれに耐え忍びながら、都会の真似をせず、飛騨独特のものを作り上げてきました。そしてそれをいつまでも大事にしております。春・秋の高山祭りを始め、古い町並みや食べ物を、今も大切にしているのです。

高山祭りの美しい屋台（山車《だし》）は有名になりましたが、この屋台は町内で管理しております。天領だった頃、飛騨には全国から多くの商人が集まり、富を独占していました。そのために庶民の反感を恐れたその富豪（旦那衆）が、お祭りのために屋台をこっそり作って町内に寄付して町民を喜ばせていたようです。

そんな歴史のある高山祭りですが、屋台を持っている町内では、屋台が神様なのです。屋台が高山祭りのご神体なのです。ですから町内以外の者が触ろうものなら怒鳴られ（どやしつけられ）ます。そんなに大事な屋台ですが、お祭りの日には町内の子供を乗せて市内を引き回します。高山の人たちにとって子供は神様と同じなのです。

高山祭りの屋台。(山車)

そんな飛騨高山をこよなく愛しておられました『暮らしの手帖』の花森安治編集長が、飛騨の紹介記事に「飛騨はコカコーラの看板は似合わない町です」と書かれていました。そんな紹介文と古い町並みの写真がよく掲載されておりましたので、ものめずらしさも手伝って、遊びに来る方がだんだんと多くなりました。

それがきっかけとなり、いつの間にか観光地になってしまいました。その結果、金儲けのために都会の人がどんどん入ってきていますので、飛騨の良さが薄らいでいくのが残念です。

そんな中でも、我々の中学の恩師・福田先生は、壊れかけたアパートに今も住んでおられるようですが、年金の半分は国へお返しになっておられるようです。もう九〇歳ぐらいになっておられると思いますが、いまだに自分の生き方を通して我々に教訓を与えられております。そんな先生のもとで青春を過ごすことができた我々はなんと幸せだったことか。

風雪や文化の嵐に耐えた飛騨で生まれて飛騨で育つ。

そんな飛騨で育てていただいた私たちは運が良かったと深く感謝しております。

自然の中で遊ぶ

この春、日本の経済のためにも消費拡大のお役に立てればと、思い切ってハイビジョン・テレビと中古の自動車を予定より二・三年前倒しで購入しました。せっかく買ったのだからと思い、適当にチャンネルを回しているうちにトレッキングという山岳遊歩の番組が気に入り、よく見せてもらっています。

ヨーロッパのアルプスから、カナディアンロッキー、チベット、チョモランマ（エベレスト）、ニュージーランドの氷河、ハワイ等々、世界中の景色や花や動物が、美しい画面に現れる。そうした画面を、ビールを飲みながら観ることができて満足しているうちに、自分でも歩いてみようということになったわけです。

それで、できるだけ人出の少ない上高地や奥飛騨や乗鞍高原を選び、一日に四〜五時間くらい歩き、移り変わる風景をカメラに収めようとしています。しかし、偉大な自然は小さいカメラには収めきれないので、名も知らない草や花を撮っています。

そうしていつしか、草や花に話しかけているうちに会話に変わる。肉体の耳で聞いているのではないのですが、いつのまにか意識の中で花と会話をしている。花の精の言葉がインスピレーションのように聞こえ浮かぶ。

そんな散策をしていると、自然の偉大さに圧倒されてしまいます。カメラに撮ることも忘れてしまい、驚嘆のため息で自然を見渡していると、人間というものはなぜ小さなことに執着しているのだろうと思います。

本来、人間は「万物の霊長」だと教えられております。ということは、この大自然のすべてのものの長なのです。

奥飛騨の自然の山も岩も谷も樹木も草も花も、動物も鳥も虫も魚もみな協調し調和し輪廻している。どれ一つが欠けても大自然は成り立たない。


木や植物は………人間には造ることができないような精密化学工場を持っていて、太陽をいっぱい浴びながら水と土で、動物の吐く炭酸ガスを吸いながら酸素と色々な栄養素を作ってくれる。また、その樹木や草は大地に雨水を蓄え土砂の流れを防ぎながら谷間のせせらぎや渓谷を創りだし魚を育む。

動物は………その酸素を吸って炭酸ガスを吐き、木の実や植物を食べて糞尿を出し草木はそれを肥料としてまた育つ。

鳥や虫は…………花のミツに集まり花粉を他の花に運ぶ。

昆虫は…………土を耕した代償として落ち葉や木の実を貰う。

魚や植物は………地上にユートピア建設のために、万物の霊長たる人間に我が身を提供してくれている。


動物は植物を必要とし、植物は動物を必要とし、昆虫は植物を、植物は昆虫を、それぞれ必要としている。人間はそれらを含めて地上のすべてを必要としているのである。

はたして人間は、それに相応しい生き方をしているだろうか。

人間は万物の霊長としての役割を果たしているのだろうか。

仏教で「山川草木これ仏なり」と教えております。

大自然を観察していますと、すべてのものは、神仏の命をともに生き、共存共栄しながら「輪廻転生の法則」のもとで循環していることに気付かされます。

そして、大自然は、神の生命の一部なのです。神様の細胞の一部なのです。

神様の心は、大自然の恵みなのです。すべてのものに平等に恵む慈悲深い心なのです。

すべてのものが幸せになれるようにという深い愛の心です。尚且つ、一切の代償を求めない無所得の心なのです。

親がわが子を育てる心、それは神様の心です。どんなに苦労しても、わが子は無事に育ってほしい。体が丈夫で他人には優しく、自らに厳しく、心豊かに穏やかに育ってほしい、と思い続けるものですね。

自分が親になって初めて私を産み育ててくれた親への恩を思いますが、

「親孝行したいときには親はなし」

「いつ迄も、有ると思うな親と金」

時すでに遅し。

水の輪廻転生

人間にとって絶対必要なものと言えば、空気に次いで水です。食べ物は三〇日ぐらいは食べなくても死ぬことはないのですが、水は五日も飲めなければ命が危なくなる。

地球の表面の七〇％が海です。人間の体の水分も幼児では地球と同じように七〇％です。

それが六〇%より少なくなると老人になるようです。

　その水の分子はH_2Oです。海水の温度が上がりますとH_2Oは蒸発して大空へ舞い上がります。そのときは見えませんが、上空へ行って雲になり風に乗って陸地に行き、適当に雨となって地上に降ります。その雨が集まり川となって田畑をうるおし、海に流れ込みます。このように水が循環してくれているので地上の生物や動物は生きることができるのです。

　この海の水も、見えない蒸気も雲も雨も、川の水も、すべてH_2Oです。与える温度によって色々な姿に変わりますが、分子のH_2Oは変わりません。もっと温度が下がり、零度以下になると氷となって固体になります。

これと同じように植物も動物もみな、この地球上で輪廻転生を繰り返しています。人間も同じように心（水の場合はH_2O）は変わらないが、地上では肉体に乗っています。しかし、肉体から降りたあの世では霊子体に乗り、自由自在に活動しています。ただ人間の眼には見えないだけです。

このことをお釈迦様のお教えでは「諸法空相《しょほうくうそう》」というようです。

宇宙の諸々の生存の法則は、循環することによって存在しております。止まることは死です。原子も地球もすべてのものは循環しております。そのエネルギーは神様（地上の場合は太陽）から供給されているのです。

大自然の鉱物も植物も動物も、神様の深い愛と慈悲の心で育まれているのです。

我々人間は、大自然の営みから神様のご意志を学び取らなくてはならないのです。

花の精のメッセージ

私は花の精でございます
私たちすべての花は

神様の創られた自然界を色とりどりに
美しく飾る使命をはたしております
天上界の美しさの一部をこの地上界に再現することによって
皆様の心に安らぎをもたらし、皆様の健康に貢献できることを喜んでおります。

人間には立派な体を与えられ
神の子として、偉大な創造力と自由な行動が許されております
万物の霊長として豊かに生活できるように
神様からすべてのものが無所得で
平等に与えられ満たされております
それなのにまだ何がほしいのですか。

神の子である人間が神の心の善なる心を失い
自己保存・自我我欲の偽りの心に振り回され
自分本位にしか行動しないではありませんか

自分たちで撒いた農薬や化学肥料によって魚や野菜や家畜を苦しめ
また人間がそれを食し自らの体を壊す
自分たちで撒き散らす排気ガスで空気や環境を破壊する。

また人間同士の信頼も薄い
思想による国の対立や宗教の対立
それによる戦争や無差別なテロでの殺人と破壊
それに対する経済封鎖や報復爆撃
この世の出来事はすべて『原因結果の法則』にもとづいて起こります
争いの原因を正さない限り平和は訪れません。

それに個人の自由だと言って
お金儲けには手段を選ばぬ強欲修羅の地獄
そんなにして集めたお金の力で幸福になれると思ったり
地位や名誉が得られると錯覚しているのではないですか

そんなにして稼いでもあの世には一銭も持って行けないのよ
あの世に持って帰れるものは財産・地位・名誉を除いた
あなたの真心（善なる我）だけです。

私たちは大昔よりこの地上界の四季にとりどりの花を咲かせながら
鳥や動物や樹木やあらゆるものと調和し
神様の体の中ですべてと共に生きてまいりました
私たちは行動できませんが、常に与えられた環境の中で
地上にユートピアを建設するため
美しい天上界の存在を皆様に示しております。

人間は暗中模索の中で修行し悟っていくものです
ときには絶望されることがあるでしょう
そんなとき希望と勇気を出していただくために
厳寒に耐えていた桜の花がパーッと一斉に咲きます

踏まれても逃げもせず不平も言わず、全力で花をさかせます
忍辱すれば福寿が得られますよと雪の中で可憐な花を咲かせております。
私たちの本体であります茎や根は
皆様の健康を維持するための栄養を四季を通して
おいしく召し上がっていただけるように提供しています
それだけではなく健康を害したときにお役に立てるよう
病の症状に効くよう薬草として準備し、処方の仕方を
ブッダ様（薬師如来）を通じて皆様に進言しております。
私たちすべての花は人間に調和と安らぎの心が芽生えることを
神とともに一番喜んでいます
あなた方も私たちと力を合わせて神仏のご意志の
「仏国土・ユートピア」を建設いたしましょう
それが万物の霊長たる人間に与えられた使命です

クンシランの花。

この世に生まれた目的は豊かな大きな心になることです。

このように花の精はしっかりと私たちに伝えてきます。

一般的には花に心なぞ無いと思われますが、確かにあります。たとえば五月のわが家ではクンシランの花が満開でした。それだけでは何の不思議もありません。なぜ不思議かと申しますと三月に一度咲いてくれていたからです。咲き終わったので感謝して手入れをしながら、花が終わると寂しいなー、また、来年咲いてよ、なんて話をしておりました。それからしばらくしてそのおなじ株から、また蕾が伸びてきて咲いてくれたのです。右の写真がその笑顔です。自然の不思議というべきでしょうか。思いが通じたのでしょうか。

思えば、太古の昔より水は谷を流れ魚を育てながら野に下り、田や畑で米や野菜を育てる。また海に出て魚介類を育てる。大洋にありて太陽の熱で雲となり、山や野に雨となって戻ってくる。そうした循環を何億年も繰り返してきてくれたおかげで、人間が住めるような環境ができたのです。

また一日とは、働くための昼と、休むための夜を繰り返し、一年は春夏秋冬の四季の繰り返しです。春には芽吹き、夏にはそれが育ち、秋には実り、来る冬に備える。

この地球上の自然は、こうした循環と太陽のエネルギーによって成り立っていることは、事実として認めなければなりません。

それに太陽の光も、空気も水もすべて只であることに我々は気が付かない。そういうところへ偶然生まれてきたのだから当然だと思って生きてきました。もし、「株式会社太陽」という会社から光熱供給代を請求されたら、我が家は一ヶ月で破産してしまいます。あなたのところはいかがですか。

この偉大な恵みに感謝し、我々の先祖はその太陽を神と崇め、自然を仏と敬い、自然と調和することを大切にして生きてきた結果、すばらしい自然が残っていることを忘れてはいないでしょうか。

我々も自然の一員だということを忘れてしまってはいないでしょうか。

文化、進歩、便利、贅沢、そんな言葉にだまされて、それらを得るためにお金や地位や名誉に心を占領され、その奴隷になっていて、本当の人間のあるべき姿を忘れているのではないでしょうか。

財産や名誉や地位を取り除いた姿が人間の本当の価値であり、それがこの世を去るときの自分なのですと花は教えてくれています。あの世に持っていくことができる物やお金は何もなかったのです。持っていけるものは、この世で学んで経験したことだけのようです。それによって豊かになった心・魂のみだということを、いま知らなくてはならないようです。そのように心を豊かにすることが、あの世からこの世に生まれてくるときの目的であったはずです。

宇宙と地球と人間

アルプスのきれいな空気の夏の夜、乗鞍岳の有料道路の展望用の路肩に車を止める。（この有料道路は自然保護のため二〇〇三年よりバス専用道路になります）

この有料道路は海抜二七〇〇メートルくらいの所まで伸びています。八月の日中は渋滞していますので、夕方から出掛けて夕日を満喫してから夜空を眺めるには最適な所です。視界は３６０度、かつ良好です。若い頃よりよく岩の上に寝そべって空の星を観る。天の川は大河のように大空を横切る。英語ではミルクの道（ミルキーウェイ）と呼ぶようですが、大河のほうが実感がわきます。

その天の川に負けじと大空いっぱいに、色とりどりのダイヤのような何百億という星々が輝く。星座を探すのですが、星が多すぎるとかえって判別しにくいものです。

そのような星々を眺めていると、不思議なことに気が付きます。今眺めている星の光は、いつその星を出た光でしょう。月の光は数秒前に月から出た光のようであり、火星の光は数分前の光なのでしょう。天の川の光は約五万年前に出た光がいま届き、輝いて夜空を飾っているのです。

夜空を彩る星々は、何秒前から何千・何万・何億年前の光が、今という時間に一緒になって輝いている。人間も、何万回もの過去世の経験の智慧が今生の経験と一体になって、「今」の自分の意識の中に存在しています。

肉体はこの世に生まれたときから有るのですが、肉体を構成する元素は、この大宇宙ができたときから存在する素粒子から出来ております。肉体も心も宇宙創造のときから、宇宙と一体になり存在しております。宇宙即我です。

自分とは、はるかな昔の過去から現在、現在から未来に向けて生きている個性ある魂なのですね。いまこの世に生きるために親から戴いた肉体に魂を宿し、豊かな魂になるために学んでいるのがあなたであり、私なのですね。

我々が属する銀河系には約二千億の恒星（太陽）があるという。

また、宇宙全体には銀河星雲がまたまた数千億あるという。

それらの星々は、一五〇億年間も規則正しく運行している。それら太陽の周りを惑星が何個も回っている。それを考えれば、人間が住むに適した星が何億あっても不思議ではない。

現在の最先端の科学者・技術者の中には、「この宇宙は偶然にできたとは考えにくい。

ある意志が働いて宇宙が創られたのでしょう。ですから、地球以外の天体にも人類が存在するでしょう」と考えておられる方もいます。

この地球上が真の平和なユートピアになり、科学がどんどん進んだ約七五〇年後には緑なす新しい星に、ＵＦＯに乗って移住することができるようです。

そのときも、ブッダ様が降臨されて陣頭指揮されるようでございます。

そのＵＦＯが出発する場所はアフリカのある場所です。

そのとき、また生まれてこられるように精進したいものですね。

物質優先、お金優先の二〇世紀も終わりました。まだ、その余韻の悪事が残っていますが、いずれ原因結果の法則により悪事は暴かれて、この世も徐々に変わり、最終的な仏国土ユートピア建設の槌音《つちおと》が聞こえてくるでしょう。

二一世紀は如来様の指導のもとに心優先の時代になり、すべての国境が無くなり一つの国になり、民族が一つになって理想国家が創造されていくことでしょう。

そのときが、地上に天国が展開する仏国土・ユートピアなのです。

大空の中の自分

幾億万ある大空の星の光は
何万年前の光何千年前の光何年前の光が
今という一時に一緒になって地上《ここ》に届いている
真空な宇宙を休むこともなく走ってきて
夜空に輝いていてくれる。

それらの星々を見ている我は
何万年前の意識と何千年前の意識と何年前の意識が
今の一時に一緒になって
悠久の宇宙の果てまで思いを巡らす
そのときの心の広がりは宇宙の大きさである。

そのような宇宙のように広い自分と

お金や財産にあくせくしている自分とは
どっちが本物の自分なのか
神仏の御利益を物質に求める自分と
心の中に真実の神仏を求める自分がいる。

道に迷いながら神社や寺院や教団を遍歴する
厳冬の水で身体を清め参禅しても
足が痛くて無我の心になれず
暁の山頂の座禅でも
悟りの境地にもなれなかった。

そんな人生の失望感から
都会を離れて大自然の懐に抱かれていたら
一糸乱れぬ自然の営みの精妙さの智慧と愛
その中に生かされている人間

いま神様の愛児「神の子」であることを思い出す。

そんな大宇宙と大自然に
久遠《くおん》の神の愛と慈悲を感じる
そしてこの宇宙と我等人間とは一体であること
我はこの宇宙が創造されたときより存在し
真・善・美を求めて生きつづけていることを思い出す。

この世での正しい生き方は
健康で心豊かにして
明るい家庭を築くことにあります。
天国への道は険しいがそこは限りなく美しい
さー精進（掲諦）、精進、また精進。

宇宙の法則

我々がどこの星に生まれ変わっても、変わらない法則――それを「正法」と申します。その法則は次の五つです。これが宗教のもと（基本）です。

(1)　エネルギー不滅の法則
(2)　作用反作用の法則
(3)　波動共鳴の法則
(4)　循環の法則
(5)　慣性の法則

エネルギー不滅の法則

エネルギーとは「仕事をなし得る諸量」と定義されているようです。そのエネルギー・質量とも不滅です。

心もこのエネルギーなのです。念力というと何か力んでいるようですが、普段心で思うことがエネルギーとして肉体を動かしております。また、その思いが記憶されておりますので過去のことを思い出せる訳です。その心であるエネルギーが不滅なのです。不滅ということは、一度思ったことは永遠に消えないということです。忘れたと思っても忘れることができないのです。また、肉体が滅びても心は永遠なのです。死ぬことはできないのです。

そのために「心の保険」に入ってくださいと提案しております。

死んであの世に帰ったら、忘れていたことがすべて再生されます。それを見せつけられてから慌ててそれを整理するのでは大変なのです。そのために地獄に落ちる人がほとんどです。この世の出来事はこの世で整理しておかないと後から困るのは自分です。

そのために常に第三者の眼で自分を観る反省が必要です。一日のことは一日ごとに整理しておかないと積もり積もって積分されると大変です。

私たちの心（魂）は永遠なのです。心は黄金の光（後光）なのです。

作用反作用の法則（原因結果の法則）

この法則があるから自動車も走るのですが、ある力が加われば必ずその反対の力が発生するという法則です。

物理学の世界でも、人間の世界でも、何かを成そうとすればそれに反対されることが多いと思いますが、それにくじけてはいけません。それと自分が成したことは自分で責任を取らなくてはならないということです。どんなに神様や仏様にお願いしても、自分の不始末を肩代わりしてはいただけません。

原因があるから結果が生じるのです。不幸も不運もすべては自分の思念と行為から発しております。人を呪えばその念が帰ってきて自らを苦しめます、人を呪えば穴二つです。その心を正さない限り、環境は変わりません。名前だけを改名しても、心掛けと努力がなければ良い結果は得られません。どんなに神様にお願いしても、祈っても、自らが変わらなければその願いは聞き入れられません。

その原因を直さない限り良い結果は生じません。まさに因果応報の世界です。神様は自ら助ける者を助けてくださるのです。

波動共鳴の法則（類は類を以て集まる）

この世のものはすべて波動を持っております。エネルギー（心）も光もみな粒子と波動からなっております。その波動は、おなじ種類のものは共鳴いたします。

人間の心の似た者同士も同じように共鳴して縁をつくります。

よく自分は正しくて相手が悪いという意見を言っているのを聞きますが、そうした縁があることも、似た者同士だからです。相手だけが一方的に悪いことなどないのです。交通事故などもそのような結果として起こるようです。

袖《そで》触れ合うも他生（前世）の縁なのです。

死後の世界はもっと極端に同類は共鳴しあって集まり集団を作ります。これには情状酌量の余地はございません。争い、怒り、嫉み、嫉妬、欲張り、情欲、それらの集団を地獄と言います。そのような心を持っていて、自分だけこっそり天国へ……。それは、絶対に無理です。まさに「天網恢々粗にして漏らさず」です。

循環の法則

自然のすべては循環しております。止まっているものは何もないのです。

一日の昼も夜も、一年の四季も、太陽も月も、ありとあらゆるものが循環することで命を得ております。その大自然の中で生きる万物の霊長たる人間も循環しております。天上界から地上界、地上界から天上界と輪廻転生して、永遠の生命をより豊かに、より大きくするために限りなく循環しております。この世で永遠なものはすべて輪廻転生しています。般若心経では、諸法空相という表現です。

慣性の法則

人間の心（エネルギー）は等速運動をしております。

自動車も急には止まれないし、急発進もできないようになっております。

我々の日常の生活行動のこの慣性によって随分と楽に生きることができますが、悪い習慣をつけますと、それを修正することが大変になります。

生活習慣病（成人病）は長年の悪い習慣ですから治すのが大変です。それと同じように死んだら何もないなんて考えて生きていては死んでからが大変です。みなこの世の習慣をあの世にも持っていきます。

あの世はこの世とは違い、時間と空間の感覚が全然違います。思えばすぐ結果が出ます。良い結果なら良いですが、悪い結果なら大変です。

例えば「憎《にっく》きあの野郎、死じまえ」なんて思うと同時に相手は死にますが、作用反作用の法則で自分も殺されます。それが地獄という所です。どうしてそうなるのか、分からない連中が一日中争っています。そして何百年も……。その愚かさに気が付くまで続けています。そのような人は、他人の言うことなど聞きませんから救いようがないのです。

ましてや意味の分からないお経を上げてあげても分かるはずがない。お経は生きているうちに理解し行うべきことを教えているのです。

これらの宇宙の五つの法則から、一時も逃げることはできません。天網恢々疎にして漏らさず。ただ、この世ではその結果はすぐには現れないために無視する傾向があります。なぜ、結果が遅くなっているか、考えてみてください。

神様は人間に反省の機会を与えてくださっております。

目隠しの暗中模索の中で生きる人間ですから、どなたでも間違いを犯します。

霊なる光の如来様でありますモーゼ様も、お釈迦様も、キリスト様も、また菩薩様であります親鸞様も、日蓮様も、皆様人間のときは間違いを犯しておられます。そして反省（摩訶止観・禅定）されております。

まして我々凡人は多くの間違いを犯します。これは煩悩があるから仕方がないのです。また、煩悩があるから菩提（悟り）できるのです。「煩悩即菩提」です。

ただ、早くその間違いに気付き深く反省をして、二度と同じ間違いをしないようにすることが、この世での大事な勉強です。
そのためには良き師、良き友、良き家庭がこの世では一番大切です。
それが魂（心）にとって悟りの原点です。
我々は永遠の昔から、久遠の未来へ生き続ける魂です。
そのために、如来様の光あるうちに、真実を学ばなくてはならないのです。
その目的のために、今生は生まれて来ているのでございます。

神は
愛なり　光なり
その光のあるうちに幸せを求めよ
闇の中で幸せを求めても
途方にくれるだけです
高島良次

あとがき

今日は久しぶりの五月晴れです。昨日までの梅雨空はウソのようです。いっぱいの太陽を浴びたケヤキから来る清々しい風に、つい、両手を天に広げて深呼吸をしていましたら、いつのまにか胸が熱くなってきました。生きている喜びというのでしょうか、生かされている感謝と感激でしょうか。

どなたでも感極まると胸に喜びがこみあげてきますね。こんなときの心は胸の位置にあるのでしょう。それに対して、カッカと来ているときは心が頭に上《のぼ》っているのでしょう。本当の自分を発見しようと思い静かに瞑想したり禅定したりするとき、心を臍下丹田に静かに落ち着かせると心の奥で導通している神仏の叡智と交流できるようになることを、ブッダ様は説かれております。我々の心は常に環境の影響を受けるものですね。

ようやく書き終えてホッとしております。はたして読者の皆様にどのような評価を受けるのか、まな板の鯉の心境でございます。私の青春時代は半病人のような健康状態でしたから、健康であることが幸運の第一だと思い、健康になるための努力や食事について色々学ぶことができました。

読者の皆様の中にも私と同じ悩みをお持ちの方もおられるでしょう。また体は健康でも五体に障害を持っておられる方もおられるでしょう。ですがそれは直接の不運の原因ではございません。私と同じ飛騨高山で活躍されたお方で、二歳のとき両腕両足をなくした林久子さんという素敵な方がおられました。日本テレビの「知っているつもり!?」でもとりあげられましたが、両手両足ある者より、子育てを始めとして裁縫から書道まですべてにおいて達者な方だったようです。奇跡の人と言われたヘレン・ケラー女史ともお会いになりましたが、そのヘレン・ケラー女史が、「私より困難を克服された、私よりすばらしい人」と称賛されたようでございます。

高級霊の魂は、ますます魂を高めるために、それにふさわしい環境を自ら選び、自ら人生を計画してこの世に生まれて来られるようです。いま、困難に直面しておられる方は、いまの環境を自ら選ばれている場合があります。あるいは環境に影響を受けている場合もあるでしょう。どちらにしても自分が変われば環境が変わります。自分の環境を変えるには宇宙のルールを無視することはできません。ルールをよく理解し、どんな困難にも負けない精神力を養って、この世での目的と使命を達成してください。

この世にはいろんな平和運動があります。

平和という目標を掲げながら、暗い厳しい顔をして対立したり闘争している団体であっては、平和とはかけ離れたものになってしまうでしょう。

闘争の波動のエネルギーは、また次の闘争のエネルギーを創り出します。どんなに闘争を繰り返してもそこからは平和の波動のエネルギーは生まれません。そのような闘争の波動は地獄の住人の波動と共鳴しますので、益々困難なことが起こるでしょう。

平和の波動エネルギーは、相手を思いやる愛の心と、相手を許す寛大な心とを持ち、生かされていること、助けられていることへの感謝と行為、やさしい笑顔と賛嘆の言葉があふれるそんな環境や家庭がないと、喜びの波動のエネルギーが発生しません。

明るく豊かな家庭からは黄金の波動のエネルギーが充満し、天上界の波動と共鳴します。それは低くたれこめた曇の透き間から一条の太陽の光がさしこむような光景と似ています。やがてその光が次から次へと共鳴して、その波動が大きなうねりとなって人々を明るく感化していきます。

世界平和を唱えるのであれば、まず、明るい豊かな家庭を築くことがスタートです。その結果の副産物として幸運があります。世界の平和も、国や社会の繁栄も、明るく豊かな家庭がすべてだとブッダ様は説かれております。

この拙書を書き終えて、色々な方々にお会いする機会がございました。その中で、サトルエネルギーという新しいエネルギーの名前を教えていただきました。アメリカで唱えられ始めたようですが、それからイギリス、日本へと伝わってきたようです。これは日本の「悟る」とも意味合いが似ているようですが、微弱、精妙、鋭敏、そして捕らえどころがない、というような意味のようです。宗教的な表現では神仏の生命エネルギー（慈悲）と思われます。

こうした精妙なエネルギーが大宇宙（真空）に遍満しているのでしょう。このエネルギーがあるから光も電波も伝わって来るのでしょう。また、心の思いも、言葉も、眼には見えませんが波動と粒子から成り立っておりますので、時空を越えて以心伝心も起こります。思うこと（思念）と言葉とは同じ結果になります。

死後の身体は、こうした粒子から出来ておるようです（ブッダ様は「光子体」と表現されております）。ですからあの世はこの世とは違い、光の早さで行動できるようです。

二一世紀はこうしたことが次から次へと科学的に証明されていきますので、今までの宗教観も大きく変わらざるを得ないでしょう。

宗教も科学も一つになって真実が追求されていくことでしょう。それに適応できない宗教家も科学者も、またそれらの団体も、自然淘汰されて無くならざるを得ないでしょう。そうした二一世紀の宇宙的流れに取り残されないためにも、新しい波を学ばなければならないのですが、一人では何をどうして学んだらよいのか分からないですね。

その解決策として、各分野で活躍しておられる専門家にご講演やご指導をお願いして、一つ一つ学んでいけるようなグループを作ることを、皆様に提案いたします。

読者の皆様の中にも同じ志を持っておられる方がございましたら、ご連絡ください。色々な情報を交換しながら自ら学ぶと同時に互いに力を合わせて、各人、各地域を結ぶネットワークを作り、若き如来様の掲げられる理想世界ユートピア運動の輪を広げるための一翼を担えるようにしたいと思いますので、ぜひご連絡をお願い致します。

この度の拙書の内容にたいして、色々なご指導をくださいましたサトルエネルギー学会琴音亜紀理事長、ありがとうございました。

評論家の門脇弘先生ありがとうございました。身にあまるお誉めの言葉をいただきましたら、お陰様にて私の劣等感も少し和らいできました。

出版に際し（株）文芸社奥山様、（株）たま出版中西理事様、それに下手な文章を上手に編集していただきました高橋様、皆様には大変お世話になり、ありがとうございました。

また、一人では何もできないことを身にしみて教わりました。
最後に、ここまで読んでくださいました皆様、ありがとうございました。
皆様に神様（大宇宙大神霊）の祝福が満ちあふれますようにお祈り致します。

高島　良次

平成一四年六月一五日

参考テレビ放送

ＮＨＫ「ためしてガッテン」
ＮＨＫ「生活ほっと」
日本テレビ「おもいっきりテレビ」

〈著者プロフィール〉

高島 良次（たかしま りょうじ）

1936年、飛騨高山に生まれる。

幼いころから霊的体験を重ねることにより、宗教に関心をもちつづけながら、光を用いた工業用の測定器類の商品開発に独自のアイデアを盛り込み、数々の製品を世に出す。26歳のとき開発した製紙・製鉄業界の傷・汚れ検査機では業界最高の賞を受賞する。

その後、バックグランドミュージックやカラオケの草創期の商品を開発する。

宗教遍歴としては、生長の家をスタートに活禅寺にて座禅を修行する。その後、脱宗教をめざし、園頭広周先生に師事して高橋信次先生の説かれた正法を研究して、現在に至る。


著者住所＝東京都立川市幸町2－2－3　西けやき台206

幸運を招く５つのルール

2002年９月15日　初版第１刷発行

著　者　高島 良次
発行者　韮澤 潤一郎
発行所　株式会社 たま出版
〒160-0004　東京都新宿区四谷4-28-20
電話　03-5369-3051（代表）
http://tamabook.com
振替　00130-5-94804
印刷所　株式会社 エーヴィスシステムズ

ISBN 4-8127-0067-1 C0011